Historia de Dinamarca

500 datos interesantes sobre Dinamarca

Índice de contenidos

Introducción

La historia de Dinamarca es un viaje repleto de ricos acontecimientos culturales y políticos. Desde sus primeros asentamientos, hace miles de años, hasta las conquistas **de la Era Vikinga,** pasando **por la cristianización de Dinamarca, la Reforma** y mucho más, este pequeño **país escandinavo** ha sufrido cambios significativos a lo largo de muchos siglos.

En 1397 **se formó la Unión de Kalmar,** que creó un Estado escandinavo unificado. Luego, tuvo lugar **la gran guerra del Norte**. La lucha por el poder sueco durante el siglo XVIII dio lugar a la unificación de Schleswig, Holstein y Lauenburg. En la época de la Segunda Guerra Mundial, Dinamarca estaba cansada de guerras devastadoras y adoptó una política de neutralidad.

Sin embargo, **la ocupación nazi de Dinamarca marcó el fin de la neutralidad** y provocó cambios políticos y sociales, que se tradujeron en un auge económico y en el desarrollo del Estado del bienestar.

En la década del 2000, **Dinamarca fue testigo de un rápido crecimiento del turismo,** seguido de iniciativas de energías renovables y de la digitalización y la tecnología del siglo XXI. **Este libro relata todos estos acontecimientos significativos** para ofrecer a los lectores una visión de la historia, la cultura y el desarrollo de Dinamarca a lo largo de los siglos.

Si es un aficionado a la historia, un estudiante o simplemente siente curiosidad por el pasado de Dinamarca, **este libro contiene una gran cantidad de información que le ayudará a explorar uno de los países más antiguos de Europa**. Prepárese para adentrarse en **la cautivadora historia de Dinamarca.**

De la Edad de Piedra a la Edad de Bronce
(12.500 a. C.- 500 d. C.)

En este capítulo **se explora la cautivadora prehistoria de Dinamarca**. Conozca **veinte datos interesantes sobre la vida en este periodo**, desde los cazadores-recolectores hasta el desarrollo de complejas redes comerciales.

1. **Los primeros indicios de la existencia de habitantes en Dinamarca datan aproximadamente del año 12.500 a. C.**

2. **Los primeros habitantes de Dinamarca eran cazadores-recolectores**. Recogían alimentos de la tierra que les rodeaba.

3. **Los habitantes de la Edad de Piedra empezaron a fabricar herramientas y armas** con piedras de sílex que encontraban en las costas y ríos de Dinamarca. Los restos encontrados tienen entre 3000 y 6000 años de antigüedad.

4. **La Edad de Bronce comenzó entre el 1800 y el 1700 a. C.** En este periodo, se empezó a utilizar metal en lugar de piedra o madera para fabricar herramientas y armas.

5. En el tercer milenio a. C., **se introdujeron en Dinamarca los primeros caballos domesticados**. Los caballos, junto con el sol y los barcos, se convirtieron en un elemento central de las religiones de la Edad de Bronce.

6. A menudo, **se enterraba a los caballos con las personas**, lo que demuestra que estos animales desempeñaban un papel importante en las creencias espirituales de los primeros daneses.

7. Entre el 3000 y el 800 a. C., **la gente vivía en pequeñas aldeas**, en casas redondas de madera o piedra.

8. **El trabajo del hierro comenzó en Dinamarca y en el resto de Escandinavia** alrededor del año 500 a. C. Los daneses tuvieron acceso a materiales más resistentes para construir armas, instrumentos de labranza y joyas.

9. Alrededor del año 1000 a. C., **los habitantes de Dinamarca comenzaron a comerciar con otras regiones cercanas**, intercambiando bienes como cerámicas, figuras de arcilla y adornos.

10. **Uno de los hallazgos más famosos de la Edad de Bronce en Dinamarca es** *El carro solar de Trundholm*, una escultura de bronce de poco menos de sesenta centímetros de largo. *El carro solar de Trundholm* consiste en una figura de bronce de un caballo tirando de un carro solar en forma de disco.

11. **El disco solar está hecho de una fina lámina de oro y está decorado con intrincados detalles**. El caballo, el carro y el disco solar están montados sobre ruedas para desplazarse. Está bien conservado y da una idea de las creencias religiosas de la época.

12. Los hallazgos arqueológicos en Dinamarca y sus alrededores indican que **durante la Edad de Bronce tardía se fabricaban embarcaciones** con capacidad para una docena de personas. Estos barcos son similares a los posteriores y más **famosos barcos vikingos, aunque los primeros no tenían velas.**

13. **Durante la Edad de Hierro temprana, muchos grupos diferentes de personas vivieron o tuvieron contacto con la zona de Dinamarca y el norte de Alemania,** incluyendo pueblos germánicos, celtas, eslavos y otros.

14. Hacia el año 500 a. C., **los habitantes de Dinamarca comerciaban a través del mar del Norte con** las actuales Noruega y Suecia, hacia el sur con la actual Alemania y hacia el este con la región del Báltico.

15. Se cree que entre el 800 y el 500 a. C., los habitantes de la zona, incluidas partes de Alemania, **comenzaron a rendir culto a los dioses que más tarde se harían famosos durante la Era Vikinga, como Thor y Odín**.

16. **La Edad de Hierro tardía en el norte de Europa (400-800 a. C.) comprende el Periodo Migratorio, el Periodo Merovingio** (nombre de la tribu franca dominante en la región) **y los inicios de la Era Vikinga.**

17. **El Periodo Migratorio (375-568 d. C.) estuvo marcado por las migraciones e interacciones entre las tribus germánicas, incluidos los daneses.**

18. **El túmulo funerario de Borum Eshøj, que data de principios de la Edad de Hierro** (alrededor del 700 a. C.), **es uno de los mayores y más importantes de Dinamarca.** Contiene **una tumba de cámara con una gran variedad de objetos funerarios, como cerámicas, objetos de metal y objetos personales.** El túmulo proporciona valiosa información sobre los aspectos sociales y religiosos de la Edad de Hierro.

19. Una de **las razones por las que se han encontrado tantos cadáveres y otros hallazgos bien conservados en Dinamarca es que muchos se encontraron en ciénagas.** Las ciénagas escandinavas son frías y están relativamente libres de corrientes, lo que permite que los restos animales, humanos y de madera se conserven bien. **Uno de los cuerpos de pantano más famosos hallados en Dinamarca es el del** *Hombre de Tollund*, **que data de entre el 375 y el 210 a. C., aproximadamente.**

20. **Durante este periodo se erigieron piedras rúnicas en Dinamarca** para recordar a los muertos o señalar acontecimientos importantes.

Era Vikinga
(793-1050)

Explore la rica e impresionante historia de la Era Vikinga. En este capítulo, se repasan **veinte datos interesantes sobre aquellos famosos guerreros** que asaltaron y viajaron por gran parte del mundo conocido hasta entonces, y más allá.

21. Hacia el año 793, **los escandinavos de Dinamarca, Noruega y Suecia comenzaron a asaltar otras tierras de Europa**. Esta época se conoce ahora como la Era Vikinga.

22. **Los vikingos eran hábiles marineros que utilizaban sus largas embarcaciones para viajar a través de océanos y ríos lejos de casa.**

23. **En el 865, las incursiones vikingas comenzaron a extenderse por Europa a medida que más y más guerreros se unían a sus filas desde diferentes partes de Escandinavia,** incluyendo Suecia y Noruega.

24. **Los asaltantes vikingos llegaron a ser temidos en toda Europa debido a sus incursiones y saqueos de monasterios** llenos de artefactos religiosos.

25. **Los vikingos no solo eran asaltantes y guerreros. Eran comerciantes. Durante este tiempo,** el comercio vikingo comenzó a expandirse e incluyó a la mayor parte de Europa, así como algunos lugares de Medio Oriente.

26. **En yacimientos arqueológicos de la época vikinga se han descubierto mercancías procedentes de lugares tan lejanos como China.** Las monedas de plata de la península arábiga eran muy apreciadas y utilizadas en esta época.

27. **Uno de los primeros reyes vikingos poderosos fue Horik I, a principios del siglo IX,** pero solo unos cien años después, cuando **el rey Gorm «el Viejo» y su hijo, Harald Bluetooth, unieron el país bajo su dominio.**

28. **Harald Bluetooth es, efectivamente, el homónimo de la famosa tecnología «Bluetooth» que se usa a diario.**

29. Las piedras de Jelling fueron talladas por orden del rey Harald Bluetooth hacia el año 965. La mayoría de las piedras rúnicas de Dinamarca y otros lugares de Escandinavia tienen **referencias o símbolos cristianos, lo que indica la propagación de la religión en la última parte de la Era Vikinga.**

30. Los daneses y otros escandinavos desarrollaron una forma única y temprana de gobierno representativo llamada «*thing*», en la que la población podía plantear problemas y quejas.

31. Los vikingos exploraron y conquistaron tierras en Inglaterra e Irlanda, y colonizaron Islandia y Groenlandia.

32. Tras la muerte de Harald Bluetooth, en el 986, el rey Sweyn Forkbeard subió al trono. Su hijo Canuto, a veces llamado **Canuto el Grande,** fue más allá. A través de la conquista, la diplomacia y el matrimonio, se convirtió en **rey de Dinamarca, Noruega e Inglaterra.**

33. Los daneses gobernaron gran parte del norte y centro de Inglaterra entre el 1016 y el 1042. Esta zona recibió el nombre **de Danelaw,** porque en ella dominaba el derecho danés.

34. Los vikingos utilizaron la ciudad de York como capital en Inglaterra, aunque la llamaron Jorvik.

35. Hábiles artesanos de Dinamarca y de toda Escandinavia creaban bellos e intrincados trabajos en metal, como broches, joyas, monedas y otros adornos para personas adineradas.

36. Gran parte de lo que se sabe sobre los vikingos daneses procede de relatos escritos posteriormente en Escandinavia y de relatos de extranjeros más alfabetizados, como los ingleses.

37. Aunque los relatos ingleses son una gran fuente de información, también están sesgados en contra de los vikingos por muchas razones, entre ellas la religión.

38. **Los vikingos no eran un pueblo muy alfabetizado.** Como muchas culturas, difundían sus historias y los acontecimientos sobre todo oralmente.

39. Aunque siempre hubo excepciones, **los vikingos daneses y noruegos solían mirar hacia el oeste, mientras que los vikingos suecos desarrollaron el comercio y sus reinos en las actuales Rusia y Ucrania.**

40. **Ragnar Lothbrok, el «rey» vikingo que se hizo famoso en la serie de televisión *Vikingos*,** pudo haber existido o no. En la serie, **él y su pueblo proceden de la ciudad de Kattegat,** que no es el nombre real de una ciudad, sino de una masa de agua que conecta el mar del Norte y el Báltico alrededor de Dinamarca.

Cristianización de Dinamarca
(950-1100)

Este capítulo explora la fascinante historia del cristianismo en Dinamarca. Conozca **veinte datos interesantes sobre** cómo se extendió **el cristianismo** por la región. ¿Cree que la gente abrazó la religión?

41. **Dinamarca era originalmente un país pagano,** pero en la década del 950 comenzó a convertirse al cristianismo.

42. En el 965, **el rey Harald Bluetooth, que unificó Dinamarca, se convirtió al cristianismo.** Algunos historiadores creen que Harald se convirtió porque realmente creía en Dios, mientras que otros creen que se convirtió para obtener ventajas comerciales.

43. **El pueblo de Dinamarca tardó en aceptar esta nueva fe. Muchos se aferraron a sus creencias vikingas durante años.**

44. **Durante el reinado de Harald se construyeron iglesias y monasterios por toda la nación,** difundiendo las ideas cristianas por todo el reino.

45. **El reinado de Canuto el Grande ayudó a difundir las creencias cristianas entre los daneses, pero los noruegos se resistieron más a la fe cristiana.** Solo hasta el siglo XI Noruega se convirtió en un país mayoritariamente cristiano.

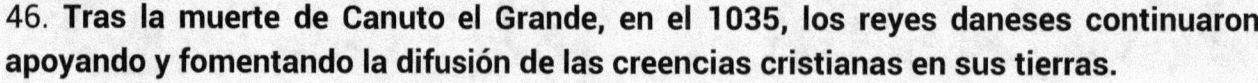

46. **Tras la muerte de Canuto el Grande, en el 1035, los reyes daneses continuaron apoyando y fomentando la difusión de las creencias cristianas en sus tierras.**

47. **El primer danés canonizado por la Iglesia católica fue el rey Canuto IV** (aprox. 1043-1086), que **apoyó firmemente el cristianismo en Dinamarca.** Canuto fue asesinado dentro de una iglesia en el 1086 por nobles rebeldes dirigidos por su hermano, que se convirtió en **el rey Olaf I.**

48. **Durante el reinado de Valdemar I** (aprox. 1154-1182), **se estableció en Lund el primer obispado danés.** Esto ayudó a traer a Dinamarca más sacerdotes de otras partes de Europa para que difundieran las enseñanzas cristianas.

49. **La primera catedral de Dinamarca fue la de Ribe, situada en la ciudad de Ribe.** Fue construida durante los siglos XII y XIII.

50. Entre el 1210 y el 1220, **el arzobispo Eskil comenzó a introducir nuevas leyes y reglamentos sobre cómo los cristianos debían comportarse y vivir sus vidas, al tiempo que restringía las antiguas creencias paganas entre su pueblo.**

51. **La Iglesia católica comenzó poco a poco a construir escuelas por toda Dinamarca.** Como resultado, la tasa de alfabetización comenzó a mejorar, especialmente entre las clases altas, muchas de las cuales aprendieron latín, la lengua de la Iglesia católica.

52. **En las escuelas primarias se enseñaba a los niños los valores cristianos.** Las universidades impartían una enseñanza más avanzada sobre temas como la religión y la filosofía.

53. Aunque ya existían asentamientos y edificios en la zona desde hacía siglos, **Copenhague, la capital de Dinamarca, comenzó a prosperar a finales del siglo XII y principios del XIII.** El aumento del tamaño y la riqueza de Copenhague a finales del siglo XI se atribuye a un líder eclesiástico, **el obispo Absalon de Lund.**

54. En la década de 1300, **las iglesias danesas comenzaron a ser más decorativas, con pinturas y esculturas de figuras cristianas** para que los fieles relacionaran mejor las enseñanzas de la iglesia con su vida cotidiana.

55. **Los servicios eclesiásticos y la Biblia estaban siempre en latín,** que, en su mayor parte, no era entendido por el pueblo danés.

56. **En la década de 1400, la mayoría de los daneses se habían convertido totalmente al cristianismo, aunque muchos mantenían vivas algunas tradiciones paganas.** Por ejemplo, muchas tradiciones antiguas, como el árbol decorado y el tronco de Yule, se incorporaron a la fiesta cristiana de Navidad.

57. En la década de 1400, **la iglesia impuso leyes estrictas a los ciudadanos, incluyendo prohibiciones contra el adulterio o cualquier tipo** de relación física fuera del matrimonio.

58. Como parte del proceso de cristianización, **muchos lugares de culto paganos fueron destruidos o convertidos en iglesias.**

59. **La brujería fue duramente perseguida durante esta época por los clérigos. Los castigos iban desde la humillación pública hasta la pena de muerte,** dependiendo de la gravedad de la ofensa.

60. **Algunos elementos de las antiguas creencias paganas, como la creencia en elfos y troles, siguen existiendo hoy en día,** aunque ya no son tan dominantes como antes.

La peste negra y la Unión de Kalmar

(aprox. 1348-1523)

En este capítulo, **se descubre la historia de la Unión de Kalmar y su impacto en Escandinavia**. Explore **veinte datos sobre esta alianza**, así como sobre la temida peste negra.

61. En 1348, **un brote conocido como la peste negra se extendió por toda Europa desde el este de Asia,** causando la muerte de millones de personas, incluyendo miles en Dinamarca.

62. **La peste negra causó muchos trastornos en la vida cotidiana, como la escasez de alimentos que alejó a algunos daneses de las tierras de cultivo y los llevó a las ciudades,** lo que provocó que la enfermedad se propagara y creciera más rápido en condiciones de hacinamiento.

63. **La peste negra provocó un descenso temporal de la población danesa, que pasó de unas 500.000 personas a 300.000.** Finalmente, la población se recuperó en 1523, cuando terminó **la Unión de Kalmar.**

64. **Una vez pasada la peste, se produjo un aumento de la inmigración en Dinamarca,** en gran parte debido a las oportunidades de trabajo creadas por los esfuerzos de reconstrucción en toda Europa.

65. **Las muertes generalizadas por la peste negra afectaron a las economías de Escandinavia.** Las guerras que a menudo libraron entre ellos también fueron costosas en términos de dinero y vidas.

66. **La Unión de Kalmar fue una unión entre Dinamarca, Noruega y Suecia, en 1397.**

67. Durante este periodo, **los reyes de cada país gobernaban sobre sus respectivos países, pero debían acatar leyes comunes, establecidas en el acuerdo de unión.**

68. **La reina Margarita I (1353-1412) de Dinamarca formó esta alianza para mantener la paz entre las tres naciones.** Creó un reino unido bajo su mandato.

69. **Muchos historiadores consideran a Margarita I una de las mujeres más poderosas de la historia europea,** pero a menudo se pasa por alto. **La actual reina de Dinamarca** y la monarca europea viva más longeva desde 2023, adoptó el nombre de Margarita como nombre real cuando fue coronada en 1972.

70. Durante este período, **la supervivencia económica del pueblo danés dependía en gran medida del comercio, principalmente con Alemania y otras partes de Europa.**

71. **Margarita I nació en el castillo de Søborg, situado al otro lado del estrecho de la actual Suecia.** Hoy está en ruinas, pero por muchos años sirvió como castillo y prisión.

72. Durante esta época, **los mercaderes daneses se dedicaron al comercio con países como Portugal e Inglaterra,** lo que contribuyó a mejorar la calidad de vida y la economía del pueblo danés.

73. **Aunque el comercio directo entre Asia y Dinamarca no floreció realmente hasta la Era de los Descubrimientos,** no era extraño encontrar productos asiáticos como la teca y el marfil.

74. **La Unión de Kalmar también incluía las posesiones danesas de Islandia y Groenlandia,** aunque su lejanía hacía más fácil que fueran gobernadas por nobles locales o gobernadores nombrados por **el rey danés.**

75. **La Unión de Kalmar marcó una época en la que Dinamarca se implicó más en la política internacional,** formando alianzas y pasando a formar parte de la red comercial mundial.

76. **Las tensiones políticas, dinásticas, religiosas y étnicas hicieron que la Unión empezara a deshacerse** a principios del siglo XVI.

77. Hacia 1517, **el luteranismo había comenzado a ganar terreno en Escandinavia, lo que llevó a algunas personas a abandonar el catolicismo en favor del protestantismo** y provocó más tensiones religiosas entre los miembros de la Unión.

78. **Aunque fue uno de los primeros intentos de la historia de formar una unión multinacional, la Unión de Kalmar fracasó.** La razón principal fue la guerra de Independencia sueca, en la que Suecia luchó para eliminar la posesión danesa de la parte sur de su país.

79. **La Unión también se debilitó por la falta de políticas uniformes, incluida la fiscalidad.**

80. **Noruega siguió formando parte del Reino danés desde el siglo XIV hasta 1814,** cuando pasó a formar parte de Suecia a través de un tratado.

Los años de la Reforma en Dinamarca
(1536-1660)

En este capítulo, **se explora el periodo de la Reforma en Dinamarca**. Durante esta época transformadora, **el luteranismo se convirtió en la religión oficial, lo que provocó cambios significativos en la educación, las iglesias y la vida cotidiana**. ¡Explore algunos datos sobre este momento crucial de la historia danesa!

81. En 1536, **el rey Christian III de Dinamarca firmó la Ordenanza de la Iglesia Luterana**, que convirtió el luteranismo en la religión oficial de Dinamarca.

82. El periodo de la Reforma duró desde 1536 hasta alrededor de 1660. **Fue una época en la que las creencias religiosas cambiaron en gran parte del norte de Europa**, y la población se convirtió del catolicismo al protestantismo.

83. Durante esta época, **las iglesias danesas fueron despojadas de símbolos católicos, como estatuas de santos,** que se habían utilizado durante muchos siglos.

84. Como la mayoría de las naciones del norte y centro de Europa, **Dinamarca se vio envuelta en la costosa guerra de los Treinta Años, librada en gran parte entre católicos y protestantes.**

85. **Aunque Dinamarca conservó sus creencias protestantes, la guerra fue costosa** en términos de tierras perdidas, economía, prestigio y, por supuesto, miles de vidas.

86. **La Biblia fue traducida al danés durante este período para que la gente pudiera leerla por sí misma,** en lugar de confiar en lo que los sacerdotes decían o tener acceso solo a través de traducciones al latín disponibles en algunos monasterios o universidades.

87. En 1550, **el rey Christian III promulgó un edicto que obligaba a todos a asistir a los oficios religiosos y comulgar al menos una vez al año.**

88. **El primer himnario impreso en danés se publicó en 1569,** permitiendo a las iglesias cantar canciones luteranas de nueva composición, como parte de su servicio de culto.

89. En 1551, **Christian III promulgó un edicto por el que todos los matrimonios debían ser celebrados por ministros de la Iglesia luterana** o, de lo contrario, no eran legalmente válidos.

90. En 1559, **hubo una reforma nacional del currículo escolar, que incluía asignaturas como geografía, historia, matemáticas y ciencias naturales.** Muchas de estas clases se impartían en danés, en lugar de en latín. Esto permitió que un segmento más amplio de la población accediera a la educación.

91. Durante un tiempo, **las nuevas autoridades luteranas de Dinamarca se volvieron aún más intrusivas de lo que había sido la Iglesia católica,** gobernando o haciendo hincapié en la importancia de la vestimenta y el comportamiento público y privado.

92. **Christian IV** (aprox. 1588-1648) **promulgó leyes y directrices que ordenaban a arquitectos y constructores construir iglesias seguras y con materiales de calidad.** También dictó directrices para el diseño, lo que aumentó el atractivo de los edificios.

93. **Durante la Reforma, los registros parroquiales se hicieron obligatorios en toda Dinamarca,** lo que permitió que los nacimientos, defunciones y otros acontecimientos importantes, fueran registrados con precisión dentro de cada distrito.

94. **Solo en el siglo XIX se aprobaron leyes que hacían hincapié en la igualdad religiosa, otorgando a los católicos y judíos daneses los mismos derechos,** y el derecho a celebrar cultos públicos sin el acoso o la interferencia del gobierno y la sociedad.

95. Una **figura importante de esta época fue el teólogo Niels Hemmingsen,** que escribió varios libros sobre el luteranismo y sus enseñanzas.

96. **Aunque la Reforma comenzó como una lucha contra la Iglesia católica,** hubo serias discusiones e incluso violencia entre las diversas sectas protestantes de toda Europa.

97. **La Iglesia evangélica luterana de Dinamarca se convirtió en la iglesia estatal del país en 1849.**

98. Tras la Reforma de 1536, muchos **católicos huyeron de Dinamarca, ya que el luteranismo se convirtió en la religión del Estado** y las prácticas católicas fueron suprimidas.

99. **En la actualidad, los católicos constituyen una pequeña minoría en Dinamarca,** aproximadamente entre el 1 % y el 2 % de la población. **La mayoría de los daneses pertenecen a la Iglesia evangélica luterana,** la iglesia estatal de Dinamarca, aunque gran parte de los daneses no son practicantes.

100. **La principal figura de la Reforma danesa fue Hans Tausen** (1494-1561), conocido como el «**Martín Lutero de Dinamarca**». Difundió las ideas luteranas y tradujo y predicó doctrinas que influyeron en el establecimiento del luteranismo como religión del Estado.

14

La guerra de los Siete Años del Norte
(1563-1570)

Explore la intrigante guerra de los Siete Años del Norte, un conflicto que se desarrolló en Dinamarca entre 1563 y 1570. En este capítulo, se profundiza en **veinte datos cautivadores sobre los orígenes de la guerra, las batallas y las consecuencias para los daneses.**

101. **La guerra de los Siete Años del Norte fue un conflicto que enfrentó a Dinamarca y Noruega con Suecia,** entre 1563 y 1570.

102. Las causas de **la guerra de los Siete Años del Norte** fueron múltiples, **desde disputas territoriales, hasta cuestiones sobre el comercio y la influencia en la región báltica** que involucraron a Dinamarca y Suecia.

103. La principal causa de **la guerra de los Siete Años del Norte**, al menos en lo que respecta a Dinamarca, fue **la rivalidad con Suecia por el control de las rutas comerciales y las disputas territoriales en la región del Báltico.**

104. **El rey Federico II de Dinamarca pretendía mantener el dominio danés sobre el mar Báltico y asegurarse el control de las lucrativas rutas comerciales,** cada vez más amenazadas por el creciente poder de Suecia bajo el reinado de Eric XIV.

105. **Los suecos atacaron los fuertes daneses que quedaban en la actual Suecia y comenzaron batallas navales contra la armada danesa/noruega en el mar.**

106. **Hubo periodos de paz durante la guerra de los Siete Años del Norte.** Una tregua notable fue **el Tratado de Roskilde, firmado en 1568,** que detuvo temporalmente las hostilidades entre Dinamarca-Noruega y Suecia. Sin embargo, la lucha se reanudó poco después, y la guerra continuó hasta el acuerdo final de paz.

107. **Suecia violó un acuerdo de tregua con un asalto a la fortaleza de Varberg,** en 1564. Dinamarca recuperó la fortaleza en 1569.

108. **La gran mayoría de las batallas de la guerra se libraron en la actual Suecia.**

109. En 1567, **la armada danesa se preparó para un ataque a gran escala contra las costas suecas** y logró hacerse con el control de varias islas antes de que comenzaran las negociaciones de paz, en junio de 1568.

110. **Dinamarca y Suecia firmaron un tratado de armisticio en Stettin**, situada en la actual Polonia, en septiembre de 1570, que puso fin a todas las acciones militares entre ellos hasta 1645.

111. **La guerra de los Siete Años del Norte se saldó con la destrucción** o toma de muchas ciudades por las fuerzas enemigas. También se perdieron muchas vidas.

112. **Los suecos hicieron bloqueos,** por mar en el norte y por tierra en el sur, **que impidieron por mucho tiempo que los recursos llegaran a Dinamarca.**

113. **El rey Federico II renunció a todas las reclamaciones a Suecia en virtud del Tratado de Stettin. El rey sueco reconoció Halland, Blekinge y partes de Skane** (todas ellas regiones suecas) como pertenecientes a Dinamarca.

114. **La guerra de los Siete Años del Norte se considera un punto de inflexión en la historia danesa.** Marcó el inicio del declive del poder militar danés y el ascenso de Suecia.

115. **El líder militar danés más famoso durante la guerra fue el almirante Herluf Trolle,** que participó en varias batallas navales contra los suecos. Murió a causa de las heridas recibidas en batalla, en junio de 1565.

116. **Dinamarca se enfrentó a muchos retos durante la guerra. Su armada era más pequeña y menos experimentada,** mientras que Suecia contaba con poderosos aliados que la ayudaban económicamente y sus fuerzas estaban mejor dirigidas en tierra.

117. A pesar de todos estos contratiempos, muchos historiadores coinciden en que **la guerra de los Siete Años del Norte contribuyó a fortalecer la identidad nacional danesa y el patriotismo entre sus ciudadanos.**

118. Después de 1570, **ambos bandos acordaron unas fronteras fijas, que duraron hasta 1645, cuando estalló la guerra de Torstenson** por territorios en disputa en lo que hoy es Alemania y Polonia.

119. **Federico II de Dinamarca fue bastante popular al inicio, sobre todo porque se le consideraba un firme defensor del territorio danés**. Sin embargo, el costo de la guerra y las pérdidas territoriales que sufrió el país durante el conflicto le costaron a Federico II la aprobación en su reino.

120. **La guerra de los Siete Años del Norte determinó el enfoque diplomático de Dinamarca** y las disputas territoriales que surgieron en los años siguientes.

Las colonias danesas y el monopolio comercial en el extranjero
(1600-1700)

Este capítulo explora el **impacto a largo plazo de la colonización y el comercio daneses.** Conozca **veinte datos sobre las redes comerciales**, las colonias y la participación de Dinamarca en la trata de esclavos en el Atlántico.

121. **La primera colonia danesa de ultramar fue Tranquebar, en la India.** Tranquebar fue fundada en 1620.

122. Aunque los daneses habían visitado, colonizado y comerciado en Groenlandia durante algún tiempo, solo hasta 1700 **Groenlandia se convirtió oficialmente en posesión de la corona danesa.**

123. **Los daneses utilizaban las rutas comerciales tradicionales para transportar mercancías desde sus colonias a Europa.** Importaban caña de azúcar, tabaco, especias, madera y pieles de animales.

124. En 1670, **el rey Christian V concedió a la Compañía Danesa de las Indias Orientales derechos exclusivos sobre todo el comercio con Asia**, lo que le otorgó el monopolio durante más de cien años.

125. **Durante gran parte de este periodo, los daneses desarrollaron redes comerciales por toda África y Asia,** lo que les convirtió en una de las mayores potencias comerciales y económicas del mundo en la época.

126. **Los daneses establecieron muchos puestos comerciales europeos** en ciudades como Ámsterdam y Amberes, para apoyar sus lucrativas operaciones en ultramar.

127. **También mantenían estaciones comerciales en muchos puertos de las regiones de África Occidental dedicadas a la trata de esclavos, como el fuerte Christiansborg y el castillo de Elmina, en Ghana.**

128. Durante la década de 1700, **los comerciantes daneses estaban muy involucrados en el comercio de esclavos del Atlántico**, comprando y vendiendo africanos esclavizados como parte de sus lucrativos negocios.

129. **Dinamarca tenía el monopolio del comercio con Groenlandia**, lo que le aseguraba beneficiarse de sus recursos, como el aceite de pescado, las pieles de foca y la grasa de ballena.

130. **Las Islas Vírgenes americanas pertenecieron a Dinamarca** en dos ocasiones durante la era napoleónica. Posteriormente, Gran Bretaña arrebató las islas a Dinamarca sin disparar un solo tiro.

131. **Cuando terminaron las guerras napoleónicas, en 1815, las actuales Islas Vírgenes estadounidenses fueron devueltas a Dinamarca**, que nunca pudo sacar provecho de ellas.

132. **Dinamarca atravesó un momento económico difícil durante la Primera Guerra Mundial y vendió las Islas Vírgenes a EE. UU. en 1917.**

133. En diversos momentos a lo largo del siglo XIX, **Dinamarca controló las Islas Vírgenes** (conocidas entonces como las Indias Occidentales Danesas), **Groenlandia, las Islas Feroe, Islandia y partes de Ghana. Además, controlaba puestos comerciales en África Occidental**, en la costa de la actual Sri Lanka y en la costa sureste de la India.

134. **En la década de 1800, Dinamarca había mermado su poderío económico de siglos anteriores.** Competía con menos éxito con Gran Bretaña, Francia y Holanda por el comercio de ultramar.

135. **Aunque Islandia era una posesión danesa, durante el siglo XIX** los islandeses fueron ganando cada vez más autonomía. **En 1944, Islandia declaró su independencia de Dinamarca**, ocupada entonces por la Alemania nazi.

136. A finales del siglo XIX, **las colonias danesas fuera de Europa habían sido vendidas o abandonadas.** Solo quedaba Groenlandia (que ahora es un país autónomo dentro del Reino de Dinamarca), Islandia, las Islas Feroe y las Antillas danesas (hasta 1917).

137. **La colonia danesa más próspera fue Santo Tomás, aunque la corona danesa perdía dinero con esta empresa.** Santo Tomás tiene un puerto profundo y, durante un tiempo, fue el principal productor de ron del mundo. También producía mucho azúcar.

138. Es importante recordar que **las empresas danesas dependían de la mano de obra esclava para ganar dinero durante gran parte de su historia en las Antillas**. Dinamarca abolió el comercio de esclavos en 1792, aunque el decreto no entró en vigor hasta 1803. En 1848 se abolió la esclavitud.

139. **A pesar de ser una nación pequeña con recursos limitados y poco poder militar**, Dinamarca fue capaz de mantener el control sobre sus territorios de ultramar mediante astutas negociaciones y habilidades diplomáticas.

140. **El explorador danés más famoso de la época fue Vitus Bering, que dio nombre al estrecho de Bering, entre Rusia y Estados Unidos**. Realizó viajes a la costa occidental del norte de Norteamérica y al extremo oriental de la actual Rusia.

La gran guerra del Norte
(1700-1721)

Descubra la extraordinaria historia de la gran guerra del Norte y su impacto en **Dinamarca y Noruega**. A lo largo de su historia común, **Dinamarca fue el socio dominante de su unión con Noruega**. Ofrecía protección a Noruega, que contaba con menos población, a la vez que dominaba los asuntos exteriores del país. Este capítulo explora veinte datos interesantes sobre este conflicto crucial.

141. **En 1700, comenzó la gran guerra del Norte entre el Imperio sueco y una coalición de países,** entre los que se encontraban el zarismo de Rusia, Dinamarca-Noruega y Sajonia-Polonia (más tarde Polonia-Lituania).

142. **Carlos XII de Suecia pretendía hacerse con el control de los territorios de Dinamarca, afirmando el dominio sueco en el Báltico.** Trataba de impedir las alianzas danesas con Rusia y Polonia-Lituania. También quería aumentar el control económico y comercial de Suecia.

143. **La ambición personal de Carlos XII de restaurar el poder de Suecia y alcanzar la gloria fue un factor importante detrás de su decisión de embarcarse en la gran guerra del Norte.**

144. La participación de Dinamarca-Noruega en **la gran guerra del Norte comenzó con una invasión de los territorios suecos en el Ducado de Holstein-Gottorp,** en febrero de 1700.

145. A finales de julio de 1700, **Carlos XII de Suecia lanzó un rápido asalto anfibio sobre Zelanda, desembarcando cerca de Humlebæk y avanzando hacia Copenhague.**

146. **El desembarco en Humlebæk y el rápido avance hacia Copenhague pusieron de relieve las capacidades militares de Suecia** y sentaron las bases para las fases posteriores de la guerra.

147. **El ataque a Zelanda presionó a Dinamarca-Noruega para firmar el Tratado de Travendal,** el 18 de agosto de 1700, poniendo fin temporalmente a las hostilidades.

148. **Dinamarca-Noruega se reincorporó a la guerra en 1709 como parte de una coalición antisueca,** con el objetivo de recuperar los territorios perdidos y debilitar la posición de Suecia en la región del Báltico.

149. En la actualidad, **Copenhague es la capital de uno de los países más pacíficos de la Tierra,** pero durante la primera parte de **la gran guerra del Norte,** y posteriormente en el **periodo napoleónico**, la ciudad fue escenario de batallas y destructivos bombardeos navales.

150. Una de **las batallas más importantes en las que participó Dinamarca fue la batalla de Helsingborg, en 1710**. Las fuerzas danesas intentaron reconquistar Escania, pero finalmente fueron derrotadas por el ejército sueco, que las obligó a retirarse.

151. **La Paz de Frederiksborg en 1720 consolidó las ganancias danesas, poniendo fin a la guerra con Suecia.**

152. **El daño sufrido por ambos bandos había sido muy profundo**. Pasaron décadas antes de que se recuperaran por completo.

153. **Dinamarca-Noruega también recibió una compensación monetaria de Suecia como parte del Tratado de Frederiksborg**, ayudando a compensar los costos de la guerra.

154. **La gran guerra del Norte marcó un cambio en las políticas nacionales, tanto de Dinamarca como de Suecia**. Como resultado de la guerra, ambos reinos comenzaron a concentrarse menos en los acontecimientos de ultramar y más en los asuntos internos.

155. **Tras la gran guerra del Norte, los daneses adoptaron una política de neutralidad hacia sus vecinos**, lo que les ayudó a mantener la paz durante muchos años, hasta que comenzaron las guerras napoleónicas para Dinamarca, en los primeros años del siglo XIX.

156. **El rey sueco Carlos XII, el último de los «reyes guerreros» suecos, fue asesinado durante el asedio de Fredriksten en Noruega, en 1718.**

157. Como resultado de **la derrota danesa en Copenhague, las fortificaciones de la ciudad fueron reconstruidas y mejoradas**. Más tarde sirvieron como importantes defensas durante **las guerras napoleónicas.**

158. Hoy en día, **la imagen de Federico IV en Dinamarca es compleja**. Se recuerda por su mecenazgo de las artes y su atención a las mejoras domésticas y se le atribuye el impulso de la cultura danesa.

159. **Sin embargo, el fracaso de Federico IV en la abolición de la servidumbre y las tensiones económicas de la gran guerra del Norte arrojaron una sombra sobre su figura**. Aunque no gozó de una popularidad universal, es considerado un monarca bienintencionado, aunque no del todo exitoso.

160. **Después de la gran guerra del Norte, Dinamarca solo participó en una guerra más en su territorio hasta su brevísima participación en la Segunda Guerra Mundial**. Ese conflicto fue la guerra de 1864 contra Prusia y Austria, que perdió.

El periodo reformista de Johann Struensee
(1770-1772)

Descubra veinte datos interesantes sobre este periodo fundamental de la historia, en **el que el médico del rey Christian VII, Johann Struensee, impulsó reformas progresistas para beneficiar a todos los ciudadanos daneses por igual.**

161. A finales de 1700, **Dinamarca estaba gobernada por el rey Christian VII.**

162. En 1768, un **médico y filósofo germano-danés llamado Johann Struensee se convirtió en el médico y consejero cercano del rey.**

163. **Struensee utilizó su posición para liderar un periodo de reformas en Dinamarca**. Los historiadores lo consideran parte del Siglo de las Luces.

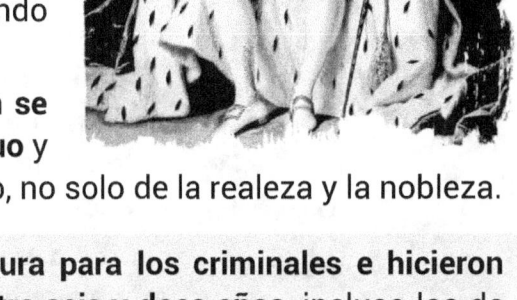

164. **El Siglo de las Luces, también llamado Siglo de la Razón, estuvo marcado por descubrimientos científicos e intelectuales** que condujeron al comienzo del «mundo moderno» tal y como lo conocemos.

165. **Los pensadores y legisladores de la Ilustración se centraron en gran medida en los derechos del individuo** y cómo podía mejorar la vida de las personas promedio, no solo de la realeza y la nobleza.

166. **Struensee aprobó leyes que abolieron la tortura para los criminales e hicieron obligatoria la educación para todos los niños de entre seis y doce años**, incluso los de familias más pobres.

167. **Struensee introdujo la libertad religiosa y de expresión en lugares públicos, como iglesias, ayuntamientos y teatros.** Esto significaba que no era ilegal expresar la opinión propia.

168. Debido a estos cambios, Dinamarca alcanzó un mayor nivel de alfabetización durante esta época.

169. **Aunque Struensee llevó a cabo varias reformas destinadas a modernizar Dinamarca y mejorar el bienestar de sus ciudadanos,** el gobierno danés siguió siendo una monarquía absoluta.

170. **Aunque se produjeron algunos cambios muy positivos gracias a las reformas de Struensee**, no estuvieron exentos de oposición. Los tradicionalistas criticaron el nuevo rumbo que tomaba Dinamarca y quisieron limitar los poderes de Struensee.

171. **Struensee tuvo un romance con la reina Carolina Matilde, del que nació una niña, la princesa Luisa Augusta**. El romance y el creciente poder de Struensee desembocaron en un golpe de estado en 1772.

172. **Struensee y la reina fueron arrestados.** Ella fue enviada al exilio, pero Struensee fue asesinado.

173. **La princesa fue proclamada hija del rey**, pero todo el mundo sabía que era hija de Struensee.

174. **En este periodo, se incrementó el comercio con otros países, lo que supuso un florecimiento de la economía danesa,** al tiempo que bajaban los precios de artículos de uso cotidiano, como el azúcar y el café en grano, que ahora eran accesibles para muchos hogares.

175. **A finales del siglo XVIII y principios del XIX, Dinamarca invirtió considerables cantidades de dinero en infraestructuras modernas y reformas agrícolas**. Los daneses construyeron carreteras y puentes, plantaron árboles e introdujeron nuevas técnicas de rotación de cultivos.

176. **Tras el derrocamiento de Johann Struensee, el poder en Dinamarca volvió a concentrarse en manos del rey Christian VII**, aunque la capacidad del rey para gobernar con eficacia siguió siendo limitada debido a sus problemas de salud mental.

177. **La nobleza danesa y el Consejo Privado desempeñaron papeles importantes en la administración del país.**

178. **A pesar de la destitución y ejecución de Struensee**, muchas de sus reformas perduran en la actualidad, como la educación obligatoria para todos los niños de entre seis y doce años.

179. **En 1848, llegó al poder un nuevo rey danés, Federico VII**, más reformista y capaz que su padre. Introdujo muchas reformas, entre ellas poner fin a la monarquía absoluta en Dinamarca.

180. En **1849, Federico propuso la Constitución de 1849, que incluía la mayoría de las reformas anteriores**. Aunque se han redactado nuevas constituciones desde la Constitución de 1849, esta es la base de la sociedad civil y política danesa actual.

Dinamarca y las guerras napoleónicas
(principios del siglo XIX)

En este capítulo, se explora la atractiva historia de uno de los conflictos más decisivos de Europa a través de **veinte datos interesantes sobre el papel de Dinamarca en las guerras napoleónicas** y el destino de la nación tras **la batalla de Copenhague.**

181. A finales de 1700, **Dinamarca formó parte de una alianza contra Francia llamada la Segunda Coalición.**

182. **La Segunda Coalición luchó contra las fuerzas revolucionarias de Francia,** que habían comenzado su revolución en 1789 y derrocado a su rey en 1792. Ahora, estaban difundiendo ideas antimonárquicas por toda Europa.

183. **Napoleón Bonaparte subió al poder en Francia en 1799** y continuó la guerra de Francia contra Gran Bretaña y sus aliados.

184. **Durante las guerras napoleónicas, Gran Bretaña impuso a Francia** un embargo naval que impedía a otros países comerciar ella. **En aquella época, Gran Bretaña tenía la armada más poderosa del mundo** y podía aplicar fácilmente el embargo.

185. **Algunos de los países afectados por el embargo consideraron que atentaba contra su libertad de comercio y se unieron a Napoleón.** Uno de ellos fue la Unión de Dinamarca y Noruega, que contaba entonces con una poderosa armada.

186. **Para evitar que la armada danesa-noruega fuera utilizada contra los barcos británicos, los ingleses atacaron la flota danesa-noruega en Copenhague.**

187. **El ataque británico fue dirigido por el famoso almirante británico Horatio Nelson.** Tuvo lugar el 2 de abril de 1801 y se conoce como la primera batalla de Copenhague.

188. **Dinamarca se vio obligada a firmar un tratado de paz con Gran Bretaña y a restablecer relaciones diplomáticas normales con los británicos.** También obligó a Dinamarca a romper relaciones con Francia.

189. En 1807, **Dinamarca había construido una flota considerable. Aunque era un país neutral,** los británicos seguían temiendo que la flota danesa-noruega cayera en manos de Napoleón.

190. El 16 de agosto de 1807, **una flota británica exigió la rendición de la flota danesa.**

191. **Cuando su demanda fue rechazada, los británicos comenzaron a disparar contra la ciudad,** matando a más de doscientos civiles y a más de tres mil marineros y soldados. El asedio duró hasta el 7 de septiembre de 1807.

192. **Gran Bretaña fue duramente criticada por atacar a un país neutral**, pero el ataque tuvo su efecto deseado y evitó que Dinamarca se uniera a Napoleón en su guerra contra Inglaterra.

193. **En la batalla de la bahía de Køge, a finales de agosto de 1807, las fuerzas danesas consiguieron infligir mayores bajas a las fuerzas británicas.** Sin embargo, los daneses perdieron la batalla, lo que contribuyó a alejar a Dinamarca de la influencia de Napoleón hasta **el final de las guerras napoleónicas, en 1815.**

194. En 1814, **Napoleón fue derrotado y exiliado de Francia**. Regresó brevemente en 1815, hasta su derrota final en Waterloo el 19 de junio de 1815.

195. **Las guerras napoleónicas tuvieron un efecto devastador en Dinamarca**, que perdió alrededor de la mitad de su territorio y sufrió graves daños económicos y penurias durante estos años, aunque se recuperó sorprendentemente rápido.

196. **Hubo dos reyes de Dinamarca durante las guerras napoleónicas: Christian VII**, que gobernó por 42 años (1766-1808), y **Federico VI** (1808-1839).

197. **Las derrotas danesas durante las guerras napoleónicas** hicieron que la mayoría de los daneses se dieran cuenta de que el tamaño reducido de su país significaba que ya no serían una gran potencia en Europa.

198. En la actualidad, **hay muchos artefactos de la época expuestos en algunos museos de Europa que documentan las guerras napoleónicas,** incluyendo armas, uniformes y documentos en el Museo Nacional de Dinamarca.

199. En la actualidad, **Inglaterra y Dinamarca son estrechos aliados políticos, económicos y militares,** pero los daneses tardaron casi un siglo en volver a confiar plenamente en los británicos.

200. **La Revolución francesa y las guerras napoleónicas dieron origen al nacionalismo moderno en toda Europa**, que más tarde fue uno de los principales factores que contribuyeron a la Primera Guerra Mundial.

La pérdida de Noruega a manos de Suecia
(1814-1815)

Este capítulo explora los dramáticos acontecimientos de cómo y cuándo Dinamarca perdió Noruega a manos de Suecia. Conozca varios datos interesantes sobre este periodo.

201. En 1814, **Dinamarca y Noruega formaban parte del mismo reino, gobernado por el rey Federico VI.**

202. **Después de las guerras napoleónicas, Suecia vio la oportunidad de reclamar Noruega,** que había estado históricamente ligada a Dinamarca.

203. **El rey Federico firmó el Tratado de Kiel con Suecia**, que supuso oficialmente la pérdida de Noruega.

204. **Este tratado puso fin oficialmente a las guerras napoleónicas en Dinamarca.**

205. Mientras que **toda Noruega pasó a formar parte de Suecia, Dinamarca conservó Groenlandia, las islas Feroe e Islandia.**

206. **Los noruegos lucharon por su independencia** o, al menos, por una mayor autonomía.

207. **Noruega era más débil militarmente y enfrentó una rápida derrota ante Suecia.**

208. **La guerra duró pocos meses,** y terminó en agosto de 1814.

209. **Noruega y Suecia establecieron una unión** que dio lugar a una relación única. Por ejemplo, Noruega tenía su propia constitución.

210. Los historiadores llaman a este conflicto de diversas maneras, siendo la más aceptada **la guerra sueco-noruega.**

211. **Noruega siguió formando parte de Suecia hasta 1905.** Se disolvió pacíficamente por discusiones sobre política exterior.

212. **La pérdida de Noruega supuso el acceso de Suecia a los recursos y posiciones estratégicas danesas**, lo que afectó negativamente a la economía danesa.

213. **A pesar de todos estos contratiempos, Dinamarca logró mantenerse como una importante nación comercial,** gracias a la gran flota mercante que construyó durante esta época.

214. **La pérdida de Noruega provocó una nueva ola de nacionalismo entre los ciudadanos, tanto en Dinamarca como en Suecia.** Muchos noruegos sintieron que había llegado el momento de tener su propio país, independiente de Suecia o Dinamarca.

215. **Dinamarca emprendió reformas militares después de 1814 en respuesta a la pérdida de Noruega y al cambiante panorama político en Europa.** El ejército danés realizó esfuerzos para modernizarse, tanto en tierra como en el mar, aunque se vieron limitados por las restricciones económicas.

216. **Dinamarca mejoró sus fortificaciones, especialmente en Copenhague,** que había desempeñado un papel en las guerras napoleónicas y luego lo hicieron en conflictos posteriores.

217. **La política de Dinamarca comenzó a inclinarse más hacia la neutralidad** que hacia la formación de nuevas alianzas militares. **Dinamarca se centró en la defensa de sus territorios** restantes, en lugar de involucrarse en alianzas que la arrastraran a nuevos conflictos.

218. **La neutralidad de Dinamarca le permitió concentrarse en los asuntos internos y en el desarrollo,** evitando los costos económicos y sociales de las grandes guerras.

219. **Dinamarca, Noruega y Suecia se han acercado desde entonces**, con una estrecha cooperación económica y militar entre los tres países.

220. **Incluso hoy en día, muchos daneses se sienten vinculados a la cultura y las costumbres noruegas debido a que comparten historia e idioma.** Estos lazos especiales los unen, a pesar de ser naciones separadas.

La Revolución Industrial en Dinamarca
(1800-1900)

En este capítulo **se explora el notable periodo de industrialización que vivió Dinamarca entre 1800 y 1900.** Descubra veinte datos interesantes sobre esta época, como el modo en que las nuevas tecnologías permitieron pasar de una economía agrícola a una industrial.

221. A principios del siglo XIX, **Dinamarca era un país principalmente agrícola,** con una industrialización limitada.

222. **Las primeras fábricas modernas aparecieron en las décadas de 1830 y 1840.** En ellas se producían principalmente textiles, como telas de algodón y tejidos de lana. Esto marcó los primeros pasos de la industrialización del país.

223. **Hacia mediados del siglo XIX, las nuevas tecnologías permitieron una producción más eficiente de bienes**, como papel, productos de hierro y cerámica.

224. **Las máquinas de vapor se introdujeron a finales de la década de 1840 para impulsar los procesos industriales**, como el hilado y el aserrado de madera.

225. **Con el aumento de la financiación de capital por parte de los inversores, las empresas ampliaron sus operaciones rápidamente**, lo que condujo a una rápida industrialización en toda Dinamarca. Las empresas invertían en nuevas tecnologías, ampliaban sus capacidades de producción y contribuían al desarrollo industrial general del país.

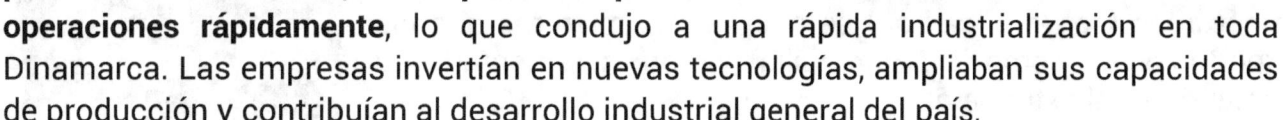

226. En 1860, **más de mil empresas operaban en Dinamarca en diversas industrias,** incluyendo la navegación y el transporte.

227. **Los ferrocarriles empezaron a conectar las ciudades de toda Dinamarca** en 1864, lo que permitió transportar productos manufacturados de forma más eficiente.

228. En la década de 1860, **Dinamarca se convirtió en uno de los primeros países en desarrollar un amplio sistema de educación pública y asistencia sanitaria gratuita para sus ciudadanos.**

229. **Las mujeres y los niños también empezaron a trabajar en las fábricas durante esta época,** lo que ayudó a impulsar aún más la producción industrial, pero dio lugar a abusos generalizados.

230. **A pesar de una corta pero desastrosa derrota militar a manos de Prusia en 1864**, la economía de Dinamarca creció a lo largo del siglo XIX. La renta per cápita creció alrededor de un 400 % entre 1840 y 1890.

231. A finales del siglo XIX, **el gobierno danés introdujo leyes laborales** que regulaban los horarios, los salarios y la seguridad en el lugar de trabajo.

232. En 1902, **Dinamarca prohibió que los niños menores de doce años trabajaran en las fábricas.**

233. En 1880, más del **25 % de los daneses trabajaban en la industria** y no en la agricultura.

234. **La industrialización provocó un aumento de la población urbana, debido a que la gente se trasladaba de las comunidades agrícolas en busca de oportunidades de trabajo**. Esto llevó a ciudades como Copenhague a expandirse rápidamente a lo largo del siglo XIX.

235. En toda Europa, pero especialmente en Europa occidental, **los ferrocarriles permitieron a la gente visitar y trasladarse fácilmente a otras partes de sus propios países**, algo que antes podía llevar días, o incluso semanas, a pie o en carruaje.

236. **Los ferrocarriles permitieron que más personas viajaran a otros países,** aumentando el flujo de información y construyendo una sociedad más cosmopolita.

237. **El aumento del comercio exterior significó que los bienes importados** (como el carbón) se abarataron, mientras que las exportaciones (como la mantequilla) vieron incrementada su demanda en el extranjero.

238. A finales del siglo XIX, **se desarrollaron nuevas tecnologías, como la electricidad** y las lámparas de gas, que facilitaron aún más la producción industrial y produjeron profundos cambios en la sociedad, creando una «vida nocturna».

239. **Los avances en la tecnología de la comunicación y el transporte, como el telégrafo y el ferrocarril,** permitieron una mayor coordinación entre las fábricas de toda Dinamarca, lo que les permitió producir bienes de manera más eficiente que nunca y obtener información sobre los nuevos avances tecnológicos en los nuevos países industrializados de Europa occidental.

240. En 1900, **Dinamarca ya no era un país predominantemente agrícola** que dependía de las importaciones de productos manufacturados, sino un importante exportador de estos productos.

Las guerras de Schleswig con Prusia y Austria
(1848-1864)

La primera guerra de Schleswig y la segunda guerra de Schleswig fueron conflictos fundamentales en la historia de Dinamarca, centrados en el disputado territorio de Schleswig-Holstein. Conozca veinticinco datos curiosos sobre estas guerras.

241. **La primera guerra de Schleswig** (1848-1850) **comenzó debido a las disputas sobre el estatus de Schleswig y Holstein,** que formaban parte de la monarquía danesa, pero tenían una población predominantemente germanófona.

242. **Las reivindicaciones contradictorias llevaron a los daneses a intentar integrar plenamente estas regiones,** lo que desencadenó una rebelión y un conflicto con la Confederación Germánica.

243. **En el momento de la guerra, Prusia era una de las dos potencias dominantes** (la otra era Austria) en la actual Alemania.

244. Varios **nobles prusianos y alemanes tenían reivindicaciones sobre las tierras cercanas y en la frontera danesa,** donde estaban Schleswig, Holstein y Lauenberg.

245. **Muchos germanoparlantes consideraban que el gobierno danés los trataba como ciudadanos de segunda clase y querían unirse a los otros estados germanoparlantes**. Esta fue una de las razones por las que estalló la guerra.

246. En la primera guerra, **los daneses lucharon contra los prusianos largamente, pero sus tropas estaban agotadas**. Las dos partes negociaron finalmente una paz llamada Protocolo de Londres.

247. **El acuerdo estipulaba que Dinamarca no era propietaria de estas regiones. El rey danés, Federico VII, era el duque de estos tres territorios.** Por complicadas razones diplomáticas, ambas partes aceptaron.

248. En 1864, **el canciller prusiano Otto von Bismarck, como parte de su plan para unir a todos los alemanes bajo la corona prusiana, provocó una guerra con Dinamarca y su rey, Christian IX,** por los tres ducados.

249. **Austria se unió a Prusia porque también tenía influencia en la región.**

250. **Dinamarca no tenía ninguna posibilidad de victoria contra estas dos potencias**, pero el ejército y la armada daneses lucharon duramente durante casi nueve meses antes de tener que rendirse.

251. En 1864, **el Tratado de Viena, que siguió a la derrota militar danesa**, hizo que Dinamarca perdiera los tres territorios.

252. **Schleswig, la zona más septentrional, fue entregada a Prusia, y Holstein a Austria.** Esto favoreció a Bismarck, ya que el territorio controlado por Austria quedaba entre Prusia y Schleswig.

253. **Bismarck planeó argumentar una excusa sobre la interferencia austriaca para permitir que los suministros prusianos** atravesaran su territorio, de modo que Prusia pudiera eliminar la influencia austriaca de los estados de habla alemana.

254. **La guerra austro-prusiana comenzó en 1866,** menos de dos años después de que terminara oficialmente la guerra con Dinamarca.

255. En 1866, **Schleswig y Holstein pasaron oficialmente a formar parte de Alemania**, y el **káiser Guillermo I** entregó Lauenberg a **Bismark** como patrimonio personal.

256. En 1871, **Prusia ganó una guerra contra Francia, la única otra nación con gran influencia en los estados alemanes**. Esto permitió a la familia real prusiana gobernar una Alemania unida. Este paso tuvo profundas consecuencias para Dinamarca, Escandinavia y el resto del mundo.

257. **Aunque a veces resulta difícil para noruegos y suecos entender a los daneses**, las lenguas escandinavas son mutuamente inteligibles, lo que significa que son entendidas por la mayoría de los habitantes de esos países. En cambio, el alemán y el danés, aunque pertenecen a la misma familia lingüística, no lo son. Este y otros problemas hicieron que muchos daneses se trasladaran de los territorios perdidos a Dinamarca.

258. Después de la Primera Guerra Mundial, **una conferencia internacional supervisó una votación en Schleswig**. Prácticamente todos los daneses que quedaban en la parte norte de Schleswig votaron a favor de la reunificación con Dinamarca.

259. **Una parte del norte de Schleswig fue devuelta a Dinamarca. Ahora se llama Jutlandia del Sur.**

260. **En algunas partes del sur de Jutlandia (Sønderjylland) que históricamente formaban parte del Ducado danés de Schleswig y estuvieron bajo dominio alemán** durante lapsos de tiempo, hay una minoría germanoparlante.

261. **En el lado alemán de la frontera, sobre todo en la región del de Schleswig del Norte (Nordschleswig), hay una minoría de habla danesa**. Allí hay escuelas de danés y centros culturales.

262. **En las zonas fronterizas y en ciudades como Flensburg, el bilingüismo es habitual**, y la mayoría de los residentes hablan con fluidez **danés y alemán. Ambas lenguas han tenido influencia histórica y cultural en la región**. Quienes no hablan la lengua del otro suelen comunicarse en inglés.

263. **En la actualidad, Dinamarca y Alemania son estrechos aliados, a pesar de su turbulento pasado.**

264. **La guerra** de 1864 **contra Alemania hizo que Dinamarca aceptara su reducido tamaño y su poca influencia.**

265. Hasta **1949, año en que ingresó en la OTAN**, Dinamarca intentó mantenerse neutral.

Primera y Segunda Guerra Mundial: Neutralidad e invasión
(1914-1945)

Explore el importante papel que desempeñó Dinamarca durante la Primera y la Segunda Guerra Mundial. En este capítulo, se repasan varios datos interesantes sobre la declaración de neutralidad de Dinamarca, su participación en **la batalla de Jutlandia**, ¡y mucho más!

266. **Dinamarca se declaró neutral en la Primera Guerra Mundial** el 1 de agosto de 1914.

267. Al comienzo de la guerra, **Dinamarca solo contaba con diez mil hombres en su ejército** y quince buques de combate naval.

268. **Las unidades del ejército británico y el alemán se contaban por millones**. Tanto la Royal Navy británica como la Kriegsmarine alemana disponían de decenas de grandes buques de combate.

269. **Las fuerzas navales alemanas y británicas se enfrentaron frente a la costa de la región danesa de Jutlandia** en 1916, porque Alemania intentaba bloquear a Gran Bretaña en ingreso de suministros.

270. **Jutlandia fue la mayor batalla naval de la Primera Guerra Mundial**, pero terminó en lo que la mayoría de los historiadores consideran un punto muerto.

271. **A pesar de ser neutral, Dinamarca permitió el paso de submarinos alemanes** (U-boats) **por sus aguas.**

272. Aunque permitir el paso de submarinos alemanes por aguas danesas parecía romper la neutralidad, **el gobierno danés argumentó que era necesario permitir el atraque de submarinos alemanes para evitar conflictos con Alemania.**

273. **Se desconoce el número de submarinos alemanes que atracaron en puertos daneses durante la guerra**, pero se calcula que fueron más de cien.

274. **Los submarinos solían permanecer en los puertos daneses unos días,** durante los cuales repostaban y se reparaban.

275. Por otra parte, **Dinamarca minó las aguas que rodeaban gran parte de su territorio**. Lo hicieron animados por los británicos, que sabían que los campos de minas impedirían o ralentizarían el movimiento de los buques de guerra alemanes desde el mar Báltico.

276. **La posición geográfica de Dinamarca era muy importante para la estrategia militar de la época.** Daba a Dinamarca más poder del que muestra su tamaño.

277. **Los daneses siguen desempeñando un papel importante en la zona, especialmente desde que son parte de la OTAN.**

278. **Alemania intentó utilizar la presión diplomática sobre Dinamarca** en 1918, pero fracasó debido a la fuerte oposición pública en contra de que Dinamarca se involucrara en una guerra activa.

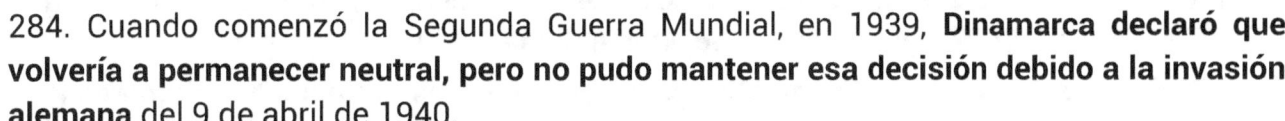

279. Durante la Primera Guerra Mundial, **Dinamarca acogió a refugiados de las naciones aliadas y de las potencias centrales, como Alemania y Rusia.**

280. **El gobierno danés estableció campos de refugiados para proporcionar techo y alimentos a los refugiados**. También les proporcionó ayuda financiera y les ayudó a encontrar trabajo.

281. **La población danesa también ayudó a los refugiados, abriéndoles sus casas** y proporcionándoles ropa y otros artículos de primera necesidad.

282. **Se desconoce el número de refugiados que llegaron a Dinamarca durante la Primera Guerra Mundial,** pero se calcula que fueron más de diez mil. Procedían de diversos países, como Alemania, Rusia, Austria-Hungría y Bélgica.

283. **La economía danesa se mantuvo bastante estable a lo largo de la Primera Guerra Mundial** y sus ciudadanos evadieron las dificultades críticas debido a la neutralidad de la nación.

284. Cuando comenzó la Segunda Guerra Mundial, en 1939, **Dinamarca declaró que volvería a permanecer neutral, pero no pudo mantener esa decisión debido a la invasión alemana** del 9 de abril de 1940.

285. Durante la Segunda Guerra Mundial (1941-1945), **más de 4.500 daneses sirvieron voluntariamente o con las fuerzas aliadas**, después de huir durante o después de la invasión alemana.

Los años de entreguerras
(1918-1939)

Entre 1918 y 1939, Dinamarca vivió un periodo dinámico, marcado por una serie de acontecimientos significativos. En estas dos décadas, **Dinamarca** navegó por un panorama geopolítico en evolución, **fomentando el progreso social y la adaptación a las presiones políticas externas**. Conozca veinte datos sobre este periodo.

286. **Antes de los años de entreguerras, en 1915, las mujeres danesas obtuvieron el derecho al voto**, marcando un hito en la igualdad de género y la participación democrática.

287. La postura neutral de Dinamarca durante la Primera Guerra Mundial se mantuvo hasta la conclusión de la guerra, en 1918.

288. En 1920, **Dinamarca se convirtió en miembro de la Sociedad de Naciones, participando activamente en la diplomacia internacional y en los esfuerzos de mantenimiento de la paz.** Esta adhesión subrayó el compromiso de Dinamarca con el mantenimiento de la paz y la cooperación mundial tras la tumultuosa Primera Guerra Mundial.

289. **La década de 1920 fue testigo de la aparición de movimientos nacionalistas** en respuesta a los desafíos políticos y económicos, configurando el panorama interno de Dinamarca.

290. **Dinamarca, como el resto del mundo, tuvo que hacer frente a las dificultades económicas provocadas por la Gran Depresión.**

291. En la década de 1920, **se introdujeron varias reformas sociales**, incluidas leyes laborales, para mejorar el bienestar de los ciudadanos.

292. Los frecuentes cambios de gobierno durante **la década de 1920 reflejaron la inestabilidad política de Dinamarca, causada por los problemas económicos.**

293. **En respuesta a los problemas políticos y económicos**, los grupos nacionalistas ganaron prominencia, influyendo en la **sociedad danesa**.

294. **Dinamarca trabajó activamente para ampliar las relaciones comerciales internacionales,** reconociendo la importancia del comercio global.

295. **Durante la década de 1930, se realizaron ajustes constitucionales** que afectaron al panorama político de Dinamarca.

Ocupación nazi de Dinamarca
(1940-1945)

Explore la trágica pero extraordinaria historia de la ocupación nazi en Dinamarca. En este capítulo, se exponen veinticinco hechos intrigantes sobre cómo vivían los ciudadanos daneses bajo el régimen nazi.

296. El 9 de abril de 1940, **la Alemania nazi invadió Dinamarca y ocupó el país durante cinco años**, hasta los últimos días de la guerra.

297. **El rey danés Christian X se negó a cooperar con las exigencias alemanas, pero decidió no luchar contra ellas**. Quería evitar a su pueblo la violencia y la destrucción.

298. **Aunque el pueblo danés sufrió bajo el dominio nazi**, las ideas de Hitler sobre la raza dieron a Dinamarca más margen para ocuparse de sus propios asuntos durante la guerra.

299. **Hitler creía que, junto con los alemanes, los daneses y otros escandinavos eran la encarnación de la llamada «raza superior aria».**

300. **En Dinamarca se promulgaron leyes que eliminaban a la población judía de la vida pública**. No podían ocupar la mayoría de los puestos de trabajo o cargos en el gobierno.

301. **Las duras leyes empujaron a muchos daneses a resistirse al régimen nazi, ya fuera por su cuenta en pequeñas acciones o con los numerosos grupos de resistencia** que surgieron por toda la nación.

302. En agosto de 1943, **Dinamarca fue declarada protectorado oficial de la Alemania nazi**.

303. **El movimiento de resistencia danés comenzó casi inmediatamente después del inicio de la ocupación**. Al principio, promovía la no violencia, y más tarde se dedicó a actividades de sabotaje, como huelgas, boicots y distribución de periódicos clandestinos.

304. **Las actividades de resistencia también incluyeron la violencia contra los colaboradores daneses** y, en ocasiones, contra las fuerzas nazis.

305. **Dinamarca, Gran Bretaña y, en menor medida, Estados Unidos utilizaron la Suecia neutral como lugar de encuentro, coordinación y abastecimiento secreto de la resistencia danesa.**

306. En octubre de 1943, se llevó a cabo una audaz **misión de rescate, durante la cual más de 7.200 refugiados judíos,** junto con casi 700 cónyuges no judíos, fueron sacados clandestinamente de Dinamarca a bordo de barcos pesqueros, a través del mar Báltico, hasta la Suecia neutral.

307. **El gobierno danés consiguió negociar con los alemanes alimentos y suministros durante la ocupación,** lo que permitió a la mayoría de los daneses evitar el hambre y la malnutrición, a diferencia de otros países ocupados de Europa.

308. En octubre de 1944, **el movimiento de resistencia organizó una huelga general que duró dos días, cerrando todas las redes de transporte y haciendo que la Alemania nazi declarara la ley marcial en Dinamarca como castigo.**

309. **Durante gran parte de 1944, se impuso un toque de queda a los ciudadanos,** restringiendo sus movimientos a determinadas horas del día o de la noche, dependiendo de la región.

310. **Los nazis impusieron la censura de periódicos, libros y otros medios de comunicación durante su ocupación de Dinamarca,** controlando qué información se publicaba.

311. **Algunos barcos de la Marina Real Danesa consiguieron escapar a Gran Bretaña,** prestando su fuerza al esfuerzo bélico aliado. Sin embargo, la mayor parte de la flota danesa no pudo escapar y fue hundida antes de que cayera en manos de los nazis.

312. **Grupos daneses de extrema derecha, incluido el Partido Nazi Danés, formaron el**

Cuerpo Schalburg, que fue utilizado por los alemanes para perseguir a los rebeldes y trabajar como agentes de la policía.

313. **Unos seis mil daneses se alistaron como voluntarios en las Waffen-SS,** el brazo armado de las temidas SS **de Heinrich Himmler.**

314. En mayo de 1945, **tras cinco años de dominio nazi en Dinamarca, las fuerzas aliadas liberaron Copenhague,** lo que puso fin al control alemán sobre el país.

315. **La liberación no incluyó ningún combate significativo**, ya que la mayoría de los alemanes se estaban retirando a Alemania o simplemente se rendían, sabiendo que la guerra estaba perdida.

316. **La liberación fue celebrada por muchos daneses en todo el país**, con ciudadanos desfilando por las calles y festejando la libertad recuperada.

317. **Cuando Alemania se rindió, había unos 250.000 refugiados alemanes en Dinamarca** que habían huido del Frente Oriental. A muchos les dieron casas para quedarse, lo que provocó un gran resentimiento en Dinamarca.

318. **Al final de la guerra, tuvieron lugar complicadas negociaciones entre los daneses y los gobiernos aliados,** que permitieron a la mayoría de los refugiados alemanes regresar a Alemania.

319. **Durante los cinco años de ocupación, murieron alrededor de 6.500 daneses** por ejecuciones, porque perdieron la vida luchando contra los nazis o simplemente porque no pudieron sobrevivir a las duras condiciones impuestas al país.

320. En 1950, **se creó el Parque Memorial de Ryvangen, no lejos de Copenhague,** dedicado a los hombres y mujeres que lucharon y murieron en la resistencia durante la Segunda Guerra Mundial.

La posguerra
(1945-década de 1960)

En este capítulo, descubra **los notables cambios que tuvieron lugar en Dinamarca después de la Segunda Guerra Mundial** con veinte datos interesantes sobre el periodo de posguerra.

321. En 1945, **Dinamarca fue liberada de la ocupación nazi.** Se convirtió en una monarquía constitucional democrática, con una nueva constitución que reforzaba las instituciones y leyes democráticas.

322. **Las primeras elecciones al Parlamento danés de la posguerra se celebraron en 1947.** Los socialdemócratas obtuvieron la mayoría de los votos.

323. **El Partido Socialdemócrata Danés fue una destacada fuerza política,** conocida por sus políticas progresistas y sus contribuciones a los esfuerzos de reconstrucción del país tras la guerra.

324. **Los socialdemócratas ganaron, bajo el liderazgo de Hans Hedtoft, debido a sus políticas populares,** su programa de reconstrucción posguerra y su capacidad para proporcionar estabilidad política y recuperación económica tras la Segunda Guerra Mundial.

325. **Aunque Dinamarca sufrió durante la Segunda Guerra Mundial, evitó la destrucción a gran escala que enfrentaron otras naciones**, lo que ayudó a la economía danesa de la posguerra.

326. **En 1951, casi todos los hogares daneses tenían acceso a la electricidad**, gracias a un ambicioso proyecto de red eléctrica financiado con impuestos como parte de los esfuerzos de recuperación económica tras el fin de la Segunda Guerra Mundial.

327. Entre 1953 y 1960 **se produjo un *boom* inmobiliario en toda Dinamarca, donde se construyeron más de 800.000 viviendas.**

328. En 1960, **Dinamarca se unió a la Asociación Europea de Libre Comercio (AELC),** lo que facilitó el comercio con otros países de Europa occidental y creó más puestos de trabajo en las industrias danesas.

329. **En 1951, Danmarks Radio o «DR»** (conocida como Danish Broadcasting Corporation en inglés) **puso en marcha la primera cadena de televisión danesa**, llevando el entretenimiento a los hogares de toda Dinamarca.

330. **Durante este periodo se invirtió mucho en mejorar la educación**, lo que llevó a un aumento de las tasas de alfabetización entre jóvenes y adultos.

331. **La educación universitaria también aumentó significativamente**, lo que llevó a mejoras en la investigación y el desarrollo en muchos campos, como la medicina, la tecnología, la agricultura, etc.

332. Después de la guerra, muchas naciones de Europa occidental, incluida **Dinamarca, comenzaron a construir un sistema más amplio de seguridad social** que proporcionaba apoyo financiero a las personas que no podían trabajar debido a una enfermedad o discapacidad.

333. **Dinamarca experimentó importantes avances en las infraestructuras de transporte público**. El gobierno invirtió en la modernización y ampliación de las redes ferroviarias y de carreteras, haciendo los viajes más eficientes y accesibles al público.

334. **Los servicios de tranvía y autobús crecieron en las zonas urbanas, mejorando las opciones de transporte local** y contribuyendo al desarrollo económico y social de Dinamarca durante esta época.

335. **En 1967, todos los daneses tenían acceso a la salud** a través de hospitales y consultorios médicos financiados por el gobierno. Hoy en día, es uno de los mejores sistemas sanitarios públicos del mundo. Estos programas se sostienen en gran parte con los impuestos, superiores a la media.

336. **Durante estos años, hubo una afluencia de inmigrantes de países como Turquía, Pakistán y Marruecos.**

337. **En la posguerra se produjo una transición de la agricultura de subsistencia a la agricultura industrial,** así como una mejora de la tecnología de producción de alimentos con la introducción de nuevos métodos y máquinas.

338. **En 1954, Dinamarca, Suecia, Noruega e Islandia formaron un bloque comercial escandinavo conocido como la Unión Nórdica de Pasaportes**. Permite a los ciudadanos de estos países viajar libremente sin pasaporte ni visado.

339. **En la década de 1960, la sociedad danesa se abrió mucho**, con una creciente aceptación social del divorcio, la homosexualidad y los derechos de la mujer.

340. **Durante estos años, se produjo un aumento de la conciencia medioambiental y de los esfuerzos por proteger la naturaleza,** con la introducción de nuevas normativas para reducir la contaminación de fábricas y otras actividades.

La Guerra Fría y la pertenencia a la OTAN

(1949-actualidad)

Este capítulo explora **la fascinante historia de la participación danesa en la Guerra Fría y su pertenencia a la OTAN.** Conozca veinte datos interesantes sobre este periodo.

341. En 1949, **Dinamarca se convirtió en uno de los primeros países del mundo en ingresar en la OTAN** (Organización del Tratado del Atlántico Norte). Desde entonces, sigue siendo miembro.

342. **La OTAN se creó para contrarrestar la amenaza de invasión de Europa occidental por parte de la Unión Soviética** y sus aliados de Europa del este.

343. **Tras ingresar a la OTAN, en 1949, Dinamarca se implicó cada vez más en los esfuerzos de seguridad internacional, tanto dentro como fuera de Europa.**

344. De 1963 a 1965, **las fuerzas danesas participaron en operaciones de las Naciones Unidas para el mantenimiento de la paz** durante los conflictos de Chipre y la guerra civil del Congo.

345. **La marina danesa y un gran número de misiles terrestres**, minas marinas y dispositivos antisubmarinos se encuentran en los estrechos que van del mar Báltico hasta al mar del Norte y el Atlántico.

346. **Dinamarca sigue desempeñando un papel importante en la observación y el seguimiento de los movimientos de los buques rusos que se desplazan de un lugar a otro en la zona del Báltico.**

347. Durante gran parte de la década de 1990, **Dinamarca y los demás Estados miembros de la OTAN experimentaron una pausa en las tensiones militares con la Unión Soviética.**

348. **La relajación de las tensiones entre Europa Occidental y Oriental tras la Guerra Fría supuso que Dinamarca empezara a destinar una parte menor de su presupuesto nacional a las fuerzas armadas.**

349. En 1992, **todas las fuerzas danesas se habían retirado de Alemania Occidental**, lo que supuso el fin oficial de su participación en las operaciones de la Guerra Fría en ese país.

350. **Dinamarca también participó en misiones como fuerza provisional de las Naciones Unidas durante la guerra civil del Líbano** de 1982 a 1985, **la Fuerza de Estabilización para Bosnia y Herzegovina** de 1996 a 2004, y **la Fuerza de Kosovo** en 1999.

351. **De 2001 a 2003, las tropas danesas participaron en la Operación Libertad Duradera**, que consistió en acciones contra el terrorismo en Afganistán.

352. En 2001, **Dinamarca participó en la misión de la OTAN en** Afganistán, cuando se unió **a la Fuerza Internacional de Asistencia para la Seguridad** (ISAF, por sus siglas en inglés) para ayudar a mantener la paz y la estabilidad tras la caída del régimen talibán.

353. De 2012 a 2014, **se desplegaron fuerzas danesas en Mali como parte de una misión de mantenimiento de la paz de la ONU,** destinada a restablecer el orden y proporcionar ayuda humanitaria tras un golpe de estado en ese país.

354. Desde 2014, **la Real Fuerza Aérea Danesa ha apoyado las operaciones contra ISIS** lanzando ataques aéreos desde bases situadas en todo Medio Oriente.

355. En medio de las crecientes tensiones con Rusia, en 2018, **soldados daneses participaron en el Ejercicio Trident Juncture**, el mayor ejercicio militar en Noruega desde el final de la Guerra Fría. Este ejercicio incluyó a casi cincuenta mil soldados, marineros y aviadores de la OTAN, entre ellos mil daneses.

356. **Los ejércitos de Dinamarca, Noruega y Suecia, especialmente sus armadas y fuerzas aéreas, colaboran estrechamente**, dada su proximidad y sus estrechos lazos.

357. Hasta 2021, **más de cincuenta soldados daneses habían muerto en combate durante misiones de mantenimiento de la paz**. Aunque es un número relativamente bajo, hay que recordar que Dinamarca es un país muy pequeño con una población relativamente pequeña.

358. **Barcos y militares daneses son enviados de forma rutinaria al Mediterráneo para ayudar en la crisis de refugiados** que se vive desde 2015.

359. En 2018, **se desplegaron fuerzas danesas como parte de una misión de la Unión Europea conocida como Operación Sophia,** cuyo objetivo es combatir la piratería frente a las costas de Somalia y proteger las rutas comerciales marítimas.

360. En la actualidad, **Dinamarca sigue participando en las operaciones de la OTAN** a través de su presencia en tierra (como ejercicios de entrenamiento) y de misiones de combate en alta mar (como los ataques aéreos contra el ISIS).

Inmigración a Dinamarca
(desde la década de 1960 hasta la actualidad)

Este capítulo explora la historia de la inmigración en Dinamarca desde la década de 1960 hasta la actualidad. Descubra veinte datos interesantes sobre cómo han cambiado las leyes y normativas a lo largo del tiempo, así como el impacto que han tenido estos cambios en la sociedad danesa.

361. Desde los años 60, **Dinamarca cuenta con algunas de las leyes de inmigración más liberales de Europa.**

362. Como muchos de los países del norte de Europa, **Dinamarca ha sido un destino importante para las personas que intentan escapar** de la persecución, la represión o la guerra en sus países de origen.

363. **Los inmigrantes procedentes de Turquía, Yugoslavia y Pakistán comenzaron a llegar a Dinamarca** en busca de oportunidades de trabajo en la década de 1960.

364. **La Ley de Extranjería danesa de 1972 concedía permisos de residencia a quienes se consideraba que podían contribuir positivamente a la sociedad o la economía danesas**, como los casos de reagrupación familiar o los trabajadores cualificados en profesiones como la ingeniería y la salud.

365. En 1978, **se introdujeron los programas de trabajadores invitados temporales, que permitían a las personas ajenas a la UE acceder a contratos de trabajo de corta duración en sectores industriales**, como la construcción y la producción alimentaria.

366. Durante la década de 1980, **un gran número de refugiados solicitaron asilo**, a menudo debido a los conflictos bélicos civiles que tenían lugar en Medio Oriente.

367. En 1991 **se ampliaron los derechos de los extranjeros que vivían permanentemente dentro de las fronteras del Estado**, lo que les permitió acceder a los servicios públicos y obtener algunos de los mismos derechos y protecciones que los ciudadanos daneses.

368. **La Ley de Inmigración de 1998 introdujo cambios que permitieron flexibilizar las leyes de reagrupación familiar**, con la eliminación de la mayoría de los requisitos lingüísticos y educativos para los cónyuges que se reúnen con sus familias en Dinamarca.

369. En 2002, **se aprobó la Ley de Integración, cuyo objetivo era ayudar a los inmigrantes a asimilarse mejor en la sociedad,** mediante clases de idiomas e iniciativas de formación laboral.

370. En 2003, **se concedieron permisos de trabajo a los solicitantes de asilo tras seis meses de residencia en el país**, lo que significaba que podían contribuir a la economía mientras esperaban el trámite de sus solicitudes de residencia permanente.

371. A finales de las décadas de 2000 y 2010, **se produjo una considerable reacción en contra de la práctica musulmana de obligar a las mujeres a cubrirse el rostro.** Algunos creían que cubrirse la cara era una amenaza para la seguridad, mientras que otros creían que la práctica no tenía cabida en Dinamarca.

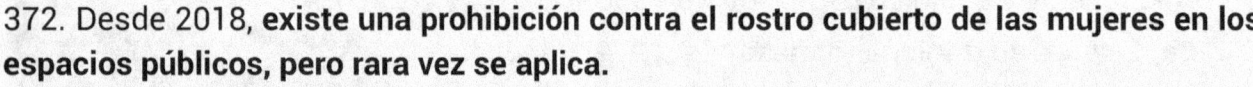

372. Desde 2018, **existe una prohibición contra el rostro cubierto de las mujeres en los espacios públicos, pero rara vez se aplica.**

373. El 12 de diciembre de 2008 **se introdujeron nuevas normas que facilitaban a las personas de fuera de la UE la obtención de un permiso de residencia** si habían trabajado en Dinamarca dos años antes de la fecha de solicitud.

374. En 2010, **se introdujeron varios sistemas de puntos relativos a la inmigración procedente de terceros países.** A los solicitantes se les concedían más puntos en función de las aptitudes deseadas y de las capacidades lingüísticas. **El sistema de puntos se introdujo** en respuesta a la preocupación por el envejecimiento de la población y la disminución de la mano de obra en Dinamarca.

375. En 2011 **se creó un nuevo programa que permitía a personas de fuera de la UE ir a trabajar a Dinamarca** si reunían determinados requisitos, como tener una oferta de trabajo y ganar 375.000 coronas danesas o más. Con ello se pretendía, en gran medida, captar trabajadores cualificados en tecnología y trabajadores de naciones más avanzadas tecnológicamente.

376. De 2014 a 2015, **el número de solicitantes de asilo en Dinamarca aumentó significativamente** debido a la agitación política que se estaba produciendo en Medio Oriente.

377. En 2016, **se introdujo una nueva ley de inmigración destinada a reducir los derechos en los casos de reagrupación familiar**, con disposiciones educativas y lingüísticas más estrictas para los cónyuges que quisieran reunirse con sus familias en el país. **Esta ley hizo más difícil para algunas personas reunirse con sus familias en Dinamarca** y generó un debate considerable.

378. En 2017, **los grupos nacionalistas de derecha crecieron en toda Europa**, lo que dio lugar a una mayor cantidad de retórica antiinmigración entre la población. **Sin embargo, la mayoría sigue apoyando que se permita la inmigración**, aunque con más restricciones que antes de 2015.

379. En agosto de 2018, **se realizaron reformas en la Ley de Inmigración de 1998, que permitieron a los extranjeros más opciones para encontrar trabajo en Dinamarca.**

380. **Dinamarca tiene menos problemas derivados de la ola masiva de inmigración en comparación con otros países de Europa occidental,** pero este fenómeno obligó al país a cuestionar sus políticas de inmigración, anteriormente acogedoras.

Adhesión a la UE
(1973-1993)

Este capítulo **explora la historia de la adhesión de Dinamarca a la Unión Europea**, desde la firma del Tratado de Maastricht hasta el referéndum sobre la pertenencia a la UE en 2015.

381. Dinamarca ingresó en la CEE, **la Comunidad Económica Europea**, precursora de la actual UE, en 1973.

382. **El proceso de formación de la actual UE** (Unión Europea) comenzó en 1992, cuando se firmó en los Países Bajos el Tratado de Maastricht.

383. **Para que Dinamarca pasara a formar parte de la «nueva» UE en virtud del Tratado de Maastricht**, que establecía la Unión Europea como órgano oficial de gobierno y diplomático, y no como una simple unión económica, debía celebrarse un referéndum en el que los ciudadanos daneses decidieran si querían que su país se adhiriera o no.

384. El 2 de junio de 1992, **los ciudadanos daneses rechazaron el Tratado de Maastricht** por una estrecha mayoría (50 %).

385. **En el segundo referéndum, celebrado el 18 de mayo de 1993, los ciudadanos daneses aprobaron los términos del Tratado de Maastricht,** con algunas excepciones.

386. **Los países candidatos debían aceptar el cumplimiento de determinadas leyes y reglamentos,** o acervo comunitario, antes de ser admitidos en la UE.

387. **La versión más moderna del Acuerdo de Schengen permite la libre circulación de personas entre todos los signatarios,** lo que significa que es muy fácil para los ciudadanos de los países de la UE desplazarse, trabajar y vivir en países diferentes del suyo.

388. **Dinamarca forma parte de cuatro instituciones principales de la Unión Europea: el Consejo Europeo**, el Parlamento Europeo, el Tribunal de Justicia de la Unión Europea y el Consejo de la Unión Europea.

389. **Dinamarca no es miembro del Banco Central Europeo** (BCE), ya que optó por salir de **la Unión Económica y Monetaria** (UEM).

390. **Un aspecto clave del Tratado de Maastricht era crear estabilidad económica en todos los estados miembros**, lo que llevó a la introducción de una moneda única (el euro) en 1999.

391. **Dinamarca fue uno de los primeros países en acogerse al *opt-out*,** que significa que un país puede **no cumplir algunas normas que forman parte de la pertenencia a la UE, como el uso del euro.** Dinamarca utiliza la corona danesa.

392. **Desde que Dinamarca ingresó en la CEE, en 1973, su comercio con otros países de la UE ha aumentado considerablemente**. En la actualidad, los países de la UE son el mayor grupo de socios comerciales de Dinamarca.

393. **La pertenencia a la UE también ha dado a Dinamarca acceso a dinero y recursos más cuantiosos y abundantes,** lo que le ha permitido realizar importantes mejoras en la agricultura, el transporte y muchos otros sectores.

394. En 2021, **había catorce representantes daneses en el Parlamento Europeo. Pertenecían a los siguientes partidos políticos daneses: cuatro socialdemócratas,** cuatro del Venstre, cuatro **del Partido Popular Danés,** uno **del Partido Popular Conservador** y uno **del Partido Popular Socialista**. Estos son todos partidos moderados, tanto de izquierda como de derecha, de Dinamarca.

395. **La pertenencia de Dinamarca a la UE ha supuesto beneficios económicos** que rondan los diez mil millones de euros anuales (aproximadamente 10,5 mil millones de dólares estadounidenses en 2023).

396. **Aunque Dinamarca exporta muchos productos, especialmente alimentos, a otros miembros de la UE y al mundo, la maquinaria es la principal exportación danesa a otras naciones de la UE.** Ese sector mueve más de veinte mil millones de euros y representa casi el 30 % de las exportaciones danesas.

397. **Dinamarca es un miembro activo de la Unión Europea y participa en muchas decisiones importantes,** como acuerdos comerciales, iniciativas de política exterior y programas sobre el cambio climático.

398. **El Tratado de Maastricht también estableció los «tres pilares» de la UE**, que son la cooperación económica y social, la política exterior y de seguridad común, y la cooperación en justicia y asuntos interiores.

399. **Estar en la OTAN y en la UE ha permitido a Dinamarca magnificar su pequeño territorio y población y aumentar su poder e influencia,** especialmente respecto a los países no pertenecientes a la UE.

400. **Desde su adhesión a la UE, Dinamarca se ha convertido en uno de los países más prósperos (y felices) de Europa**, con altos niveles de empleo y una economía fuerte.

Crecimiento del turismo
(1980-actualidad)

En este capítulo se analiza el notable crecimiento del turismo que experimentó Dinamarca entre 1980 y la década de 2020.

401. **En 1980, ocho millones de turistas visitaron Dinamarca. En 2010, esa cifra había aumentado a diez millones**, según la Organización Mundial del Turismo de la ONU (OMT).

402. **En la década de 1980, el país era conocido sobre todo por sus pintorescos paisajes y sus encantadoras ciudades**, que atraían a visitantes de muchos países de todo el mundo.

403. **Copenhague se convirtió en una de las ciudades más populares de Europa por sus lugares históricos y sus atracciones nocturnas, como los Jardines de Tivoli,** el segundo parque de atracciones más antiguo del mundo.

404. **El Ny Carlsberg Glyptotek es un conocido museo de Copenhague, Dinamarca,** que cuenta con una amplia **colección de arte antiguo y moderno, incluyendo artefactos egipcios, griegos, romanos y etruscos**, así como esculturas y pinturas danesas y francesas, con obras de artistas como Rodin y Gauguin.

405. **La cultura vikinga experimentó un resurgimiento en popularidad en las décadas de 2000 y 2010, con recreaciones en toda Dinamarca** que atraían a grandes multitudes que querían aprender más sobre su herencia o simplemente divertirse participando en las festividades.

406. **El Statens Museum for Kunst**, situado en Copenhague (Dinamarca), es la pinacoteca nacional, que alberga una vasta colección de arte danés e internacional de los últimos siete siglos. Se pueden encontrar obras maestras **de Mantegna, Rembrandt y Picasso**, así como una notable colección de obras de **la Edad de Oro danesa** (la primera mitad del siglo XIX).

407. **La estatua de *La sirenita*, situada en Copenhague, se hizo famosa en todo el mundo tras el estreno de la película de Disney**. Ahora, mucha gente la visita para tomarse fotos o admirar su belleza. Es probable que a muchos turistas les sorprenda lo pequeña que es.

408. A mediados de la década de 2000, **la cocina, los restaurantes y los chefs daneses empezaron a ser reconocidos** como unos de los mejores y más innovadores del mundo en programas como *No Reservations,* de **Anthony Bourdain,** *Parts Unknown* y otros.

409. **En la actualidad, el turismo representa alrededor del 2,5 % del PIB danés y el 4,1 % de su empleo**. Se espera que esta cifra aumente a medida que la economía se recupera de la pandemia de 2020.

410. **Durante muchos años, Dinamarca ha sido votada como uno de los países más habitables de Europa** (y del mundo) debido a sus infraestructuras de alta calidad y servicios públicos bien desarrollados, lo que la hace aún más atractiva para los viajeros.

411. **Uno de los muchos atractivos para los angloparlantes es que Dinamarca cuenta con un número muy elevado de hablantes de inglés**. Dado que solo los daneses hablan su lengua, y son menos que los habitantes de Nueva York, la mayoría aprenden inglés, alemán o ambos como segunda lengua.

412. **Para recibir al creciente número de visitantes, se construyeron muchos hoteles por todo el país,** que ofrecen a sus huéspedes lujosos servicios, como vistas a la playa o *spa*.

413. En 2016, **Dinamarca fue clasificado como el segundo país más feliz del mundo, según el Informe Mundial sobre la Felicidad**, lo que contribuyó aún más a aumentar su popularidad entre los turistas.

414. **Con el auge de las estancias vacacionales en casas de familia y la posibilidad de alojarse y participar en una granja danesa**, cada vez son más los turistas que se diversifican y no solo visitan Copenhague.

415. **Algunos de los lugares más visitados de Dinamarca se construyeron hace casi 1.500 años.** Las fortalezas vikingas en forma de anillo, a veces llamadas *trelleborgs* por la ciudad donde se encuentra la más famosa, son lugares cada vez más visitados por los turistas. **Hay cinco *trelleborgs* en Dinamarca, dos en Suecia** y otras dos fortalezas que se están examinando en Suecia y Noruega.

Iniciativas de energías renovables
(años 90-actualidad)

Desde la década de 1990, **Dinamarca ha estado a la vanguardia de las iniciativas de energías renovables** y su compromiso con la sostenibilidad es inspirador. Este capítulo explora veinte datos fascinantes sobre los **esfuerzos de Dinamarca en materia de energías renovables,** desde 1996 hasta 2021.

416. En 1996, **el Parlamento de Dinamarca aprobó la primera ley del mundo para promover las fuentes de energía renovables.**

417. **Dinamarca es ahora líder mundial en energías renovables**. En 2020, las energías renovables representaban el 60 % del consumo total de energía de Dinamarca.

418. En 1997, **el 14 % de la electricidad producida en Dinamarca procedía de la energía eólica**, uno de los niveles más altos de Europa en aquel momento.

419. **Según la Agencia Danesa de la Energía, en 2004, casi el 20 % de la electricidad utilizada en Dinamarca procedía de turbinas eólicas** y otras formas de energía renovable, como los recursos solares y de biomasa.

420. En 2006, **Copenhague inauguró una planta de conversión de residuos en energía, que utiliza la basura doméstica para generar calor y agua caliente.**

421. **Se colocaron tuberías llenas de agua caliente generada a partir de plantas de conversión de residuos en energía bajo algunas de las calles más transitadas de Copenhague**, lo que hace que la nieve se derrita en invierno, reduciendo la necesidad de utilizar quitanieves contaminantes.

422. En 2016, **Dinamarca contaba con tres centrales undimotrices experimentales que trabajaban en el aprovechamiento energético de la fuerza del océano.**

423. **En el año 2008, más del 25 % de la producción total de electricidad procedía de fuentes de energía renovables**; la cifra más alta de Europa en ese momento.

424. En 2010, **Dinamarca estableció un récord mundial de producción de energía eólica, generando más del 30 % de su electricidad a partir de esa energía renovable.**

425. **La mayor parte de Dinamarca es costera** y se beneficia del viento constante procedente del mar.

426. En 2011, **el ayuntamiento de Copenhague aprobó una ley para ser neutro en carbono en 2025**, utilizando únicamente recursos energéticos renovables, como la energía solar y la eólica, para cumplir su objetivo.

427. **Copenhague quiere convertirse en la ciudad más habitable del mundo y está invirtiendo mucho en proyectos de infraestructuras verdes**, como bici carriles, autobuses eléctricos y sistemas de calefacción urbana alimentados íntegramente por fuentes de energía renovables.

428. En 2015, **Apple abrió un centro de datos cerca de Viborg, que utiliza energía 100 % renovable suministrada por parques eólicos e instalaciones de biomasa cercanos**, devolviendo electricidad limpia a las comunidades locales.

429. **Aunque a menudo se cita como un modelo de energía limpia y sentido de cuidado climático, debe recordarse que, si bien Dinamarca es tecnológicamente innovadora**, es un país pequeño con menos intereses en competencia, como la industria petrolera de Estados Unidos.

430. En 2020, **Dinamarca se comprometió a reducir sus emisiones de gases de efecto invernadero de 1993 en un 70 % para 2030**, situándose como líder mundial en sostenibilidad.

431. **En 2021, el gobierno anunció su plan para 2025 de producir suficiente energía limpia a partir de parques eólicos marinos** para abastecer a más de seis millones de hogares.

432. **Dinamarca planea construir la mayor isla artificial del mundo en el mar del Norte**, alimentada en su totalidad por fuentes de energía renovables, como la eólica y la solar.

433. **La isla estará situada a unos ochenta kilómetros de la costa de Dinamarca** y estará conectada al continente por cables eléctricos.

434. **La isla se construirá con arena y grava dragadas del fondo marino y estará protegida del mar por un dique circundante.**

435. En 2023, **Copenhague inició la construcción de sus nuevos puertos verdes, con el objetivo de que todos los buques** que entren o salgan de sus muelles tengan cero emisiones y utilicen únicamente energía 100 % limpia.

452. En 2013, **el centro de Copenhague fue designado como «ciudad inteligente»** por su uso de tecnologías avanzadas, como sensores y redes Wi-Fi, para controlar el flujo de tráfico y los niveles de contaminación, haciendo más eficiente la gestión urbana.

453. En 2014, **Dinamarca se convirtió en uno de los primeros países de Europa en contar con una red nacional de radio digital** (DAB+), lo que garantiza un acceso fácil y una calidad de sonido de alta calidad en todo el país.

454. En 2015, **los daneses empezaron a utilizar sistemas de pago por el celular como Apple Pay y Google Wallet**, lo que les facilitó la compra de productos en las tiendas sin necesidad de realizar transacciones físicas en efectivo.

455. En 2018, **Dinamarca lanzó su primer satélite al espacio. Su nombre es Ørsted** (en honor al célebre científico danés **Hans Christian Ørsted**).

456. **Ørsted es un microsatélite que se utiliza para realizar investigaciones y recopilar datos sobre el medio ambiente en tiempo real,** proporcionando nuevos conocimientos sobre el cambio climático.

457. **El sistema nacional de salud adoptó iniciativas de sanidad electrónica en 2019**, lo que permitió a los pacientes obtener sus historiales e informes médicos a través de Internet de forma segura, en lugar de tener que visitar físicamente los hospitales.

458. En 2020, **los daneses empezaron a utilizar más robots y tecnologías de IA como *chatbots* o asistentes virtuales** como parte de su vida cotidiana, ayudándoles a automatizar tareas mundanas como pedir comida en línea y pagar facturas.

459. En 2010, **Dinamarca introdujo NemID, un inicio de sesión seguro común para los servicios públicos y privados**. Se ha convertido en una piedra angular de la infraestructura digital del país, **permitiendo el acceso seguro al banco en línea, los servicios gubernamentales** y varias otras plataformas digitales.

460. **Andreas Mogensen fue el primer danés en el espacio, en 2015**, volando con una misión de la Agencia Espacial Europea a la Estación Espacial Internacional.

Héroes nacionales y celebridades danesas

Explore un cautivador viaje por los ámbitos de la cultura, el entretenimiento y el deporte danés con esta lista de figuras icónicas.

461. **Gorm el Viejo** (c. 936-958) fue **el rey danés** que estableció el primer reino unificado de Dinamarca.

462. **Canuto el Grande** (c. 995-1035) fue un **rey medieval** que gobernó el imperio del mar del Norte que incluía Inglaterra y Noruega.

463. **Margarita I** (1353-1412) fue **la reina danesa** que desempeñó un papel clave en la unificación de Dinamarca, Suecia y Noruega.

464. **Tycho Brahe** (1546-1601) fue un destacado **astrónomo y alquimista,** conocido por sus meticulosas observaciones del cielo nocturno.

465. **Ole Rømer** (1644-1710) fue un **astrónomo danés,** conocido por sus contribuciones a la comprensión de la velocidad de la luz.

466. **Hans Christian Andersen** (1805-1875) fue un célebre **autor de cuentos de hadas** y literatura infantil.

467. **Søren Kierkegaard** (1813-1855) fue un **filósofo**, teólogo y poeta conocido por su filosofía existencialista.

468. **Georg Brandes** (1842-1927) fue **un crítico literario y erudito danés**. Nacido en Copenhague, Dinamarca, es conocido sobre todo por su realismo y naturalismo en la literatura, que influyó en muchos destacados autores escandinavos.

469. **Niels Finsen** (1860-1904) fue **un médico** y científico que ganó el Premio Nobel por ser pionero en fototerapia.

470. **Ejnar Hertzsprung** (1873-1967) fue **un astrónomo, conocido por el diagrama de Hertzsprung-Russell,** utilizado para clasificar las estrellas.

471. **Niels Bohr** (1885-1962) fue **un físico danés,** conocido por sus contribuciones fundacionales a la teoría cuántica y el modelo del átomo.

472. **Karen Blixen** (1885-1962) fue una célebre **escritora danesa,** famosa por obras como *Memorias de áfrica* y *El festín de Babette*. Escribió bajo el seudónimo de Isak Dinesen.

473. **Inge Lehmann** (1888-1993) fue una **sismóloga** que descubrió el núcleo interno de la Tierra.

474. **Carl Theodor Dreyer** (1889-1968) fue un **influyente director de cine danés,** conocido por clásicos como *La pasión de Juana de Arco* y *Ordet*.

475. **Ole Kirk Christiansen** (1891-1958) fue el fundador **del Grupo Lego**, la empresa que fabrica los famosos juguetes LEGO. Nacido en Filskov, Dinamarca, fundó la empresa en 1932, y fabricaba juguetes de madera antes de introducir los icónicos ladrillos de plástico encajables, en 1949.

476. **Marie Hammer** (1907-2002) **investigó meticulosamente los insectos diminutos**. Sus estudios desempeñaron un papel crucial en la teoría de la deriva continental.

477. **Niels Kaj Jerne** (1911-1994) fue **un inmunólogo danés** que recibió el Premio Nobel de Fisiología y Medicina.

478. **Mærsk Mc-Kinney Møller** (1913-2012) fue un magnate naviero danés, **propietario del grupo A.P. Moller-Maersk.**

479. **Erik Christian Haugaard** (1927-2009) fue un **autor danés,** conocido por sus libros infantiles y juveniles.

480. **Anders Fogh Rasmussen** (1953) fue **primer ministro de Dinamarca y secretario general de la OTAN.**

481. **Erik Balling** (1924-2005) fue **un cineasta y director danés,** conocido por *Olsen-Banden* (*La pandilla Olsen*), una serie de películas cómicas.

482. **Morten Grunwald** (1934-2021) fue **un actor danés, famoso** por su papel de Benny en *Olsen-Banden*.

483. **Dirch Passer** (1926-1980) fue **un icónico cómico** y actor danés, célebre por su contribución a la comedia danesa.

484. **Mads Mikkelsen** (1965) es **un famoso actor danés,** conocido por sus papeles en películas como *Casino Royale* y la serie de televisión *Hannibal*.

485. **Nikolaj Coster-Waldau** (n. 1970) es **un actor danés,** famoso por su papel de Jaime Lannister en la serie de televisión *Juego de tronos*.

486. **Lars Ulrich** (n. 1963) es **un baterista,** cofundador de la legendaria banda de heavy metal Metallica.

487. **Anders Trentemøller** (n. 1972) es **un productor de música electrónica** y DJ danés, reconocido por su música innovadora.

488. **Victor Borge** (1909-2000) es **un cómico y músico danés**. Escapó de Dinamarca durante la Segunda Guerra Mundial. Cuando se convirtió en una gran estrella, atrajo la atención internacional hacia Dinamarca.

489. **Nina Agdal** (n. 1992) es **una modelo danesa,** conocida por sus apariciones en el *Sports Illustrated Swimsuit Issue* y otras campañas de gran repercusión.

490. **Mikkel Kessler** (n. 1979) es **un exboxeador profesional danés,** conocido por su exitosa carrera en el boxeo.

491. **Michael Laudrup** (n. 1964) es **un legendario jugador** y entrenador de fútbol danés, conocido por sus excepcionales habilidades sobre el terreno de juego.

492. **Nicklas Bendtner** (n. 1988) es **un delantero de fútbol danés,** conocido por su carrera internacional y su fútbol en clubes de Europa.

493. **Josephine Skriver** (n. 1993) es **una supermodelo danesa**. Ha sido defensora de los derechos LGBTQ y nació mediante fecundación in vitro.

494. **Birgitte Hjort Sørensen** (n. 1982) es **una actriz danesa,** conocida por sus papeles en series de televisión como *Borgen* y *Juego de tronos*.

495. **La reina Margarita II abdicó al trono danés en 2024 tras cincuenta y dos años en el trono.** Le sucedió su hijo **Frederik X**. Su abdicación se debió a su avanzada edad. Fue la primera monarca danesa en abdicar al trono desde 1146.

Hábitos y costumbres daneses

Si viaja a Dinamarca o a cualquier otro país, es bueno que se familiarice con las costumbres y hábitos de su gente. Aunque los daneses son algunas de las personas más tolerantes del planeta, no está de más conocerlos. **A continuación, se presentan cinco costumbres comunes en Dinamarca.**

496. **Fastelavn es un carnaval danés que se celebra el último domingo antes del Miércoles de Ceniza.** En Fastelavn, los niños se disfrazan y van de puerta en puerta cantando canciones.

497. **La bicicleta es un medio de transporte muy popular en Dinamarca.** Muchos daneses van en bicicleta al trabajo, a la escuela y por ocio.

498. **El *smørrebrød* es un sándwich abierto tradicional danés que suele hacerse con pan de centeno.** Los ingredientes incluyen carne, pescado, queso y verduras.

499. **Janteloven (la Ley de Jante) es un código social danés que hace hincapié en la modestia y la conformidad.** Se basa en la idea de que todos somos iguales y de que nadie debe creerse mejor que nadie.

500. **Si está en Dinamarca en Navidad, no deje de visitar el mercado navideño de Tivoli,** donde se ofrecen decoraciones festivas, juegos de luces y varios puestos que venden dulces navideños y artesanías.

Conclusión

A lo largo de este libro se explora la riqueza de la historia de Dinamarca. Desde sus años de prehistoria hasta nuestros días, este país ha desempeñado un papel fundamental en muchos conflictos y cambios europeos. **El colonialismo, la industrialización y los modernos avances tecnológicos han demostrado que Dinamarca es una nación importante**, no solo en Europa, sino también a nivel mundial.

Se revisó cómo el cristianismo alteró la vida de los daneses y se conocieron sus contribuciones durante la Primera y la Segunda Guerra Mundial, independientemente de su neutralidad o su adhesión a las fuerzas aliadas.

Cada capítulo de este libro muestra la singularidad y adaptabilidad de los daneses, analizando temas como las costumbres y creencias de la Era Vikinga. El texto se adentra en **su cultura y su sociedad**, incluidos **los esfuerzos medioambientales** emprendidos por los organismos gubernamentales que impulsan a la sociedad a adoptar **iniciativas de energías renovables.**

No cabe duda de que vale la pena explorar la historia de Dinamarca. Esperamos que continúe su búsqueda de conocimiento y que **aprenda más sobre Dinamarca** en el futuro.

Mira otro libro de la serie

Fuentes y referencias adicionales

«*Prehistoria e historia antigua*». Denmark.dk, Denmark.dk, 20 nov. 2020, denmark.dk/en/culture-history/prehistory-ancient-history/.

Lysgaard, Martin. «*La historia antigua de Dinamarca*». Enciclopedia de Historia Antigua, Enciclopedia de Historia Antigua, 27 feb. 2013, www.ancient.eu/Denmark/.

Abelsen, Ole. «*Cristianización: Conversión de Dinamarca al cristianismo*». Encyclopedia Britannica, Encyclopedia Britannica, Inc., 15 mar. 2019, www.britannica.com/event/Christianization-conversion-of-Denmark-to-Christianity#ref259445.

«*Guerra de los Siete Años del Norte*». Encyclopedia Britannica. Encyclopedia Britannica, 8 jun 2019, www.britannica.com/event/Northern-Seven-Years-War

«*Colonias danesas en el extranjero*». Christian V - Explorer of the Navy, Viking Maritime Museum, vikingmaritimemuseum.com.au/christian-v-explorer-of-the-navy/ danish-colonies-abroad/.

Kyhl, Flemming. «*La gran guerra del Norte (1700-1721): La batalla de Copenhague (1711)*». Licensed Battlefield Guide Tom Emberland, Licensed Battlefield Guide, 30 ago. 2020, www.licensedbattlefieldguide.com/great-northern-war-battles-1711-copenhagen/.

«*Copenhague 1711*». Battlefields of Europe, Battles of the Great Northern War, 1711, The Battle of Copenhagen, 1711, www.battlefieldsofeurope.co.uk/1700-1721-great-northern-war/copenhagen-1711.

«*La Monarquía y la Constitución*». The Monarchy & Constitution, www.denmark.dk/en/denmark/dorking-denmark/history/the-monarchy-constitution.

Davison, Mark. «*La construcción de una nación*: 1720-1750». Danish Roots - Genealogy and History of Denmark - Articles - Making of a Nation, danishroots.net/articles/the-making-of-a-nation-1720-1750/.

McClellan, William E. «*Christian VII de Dinamarca*». Encyclopedia Britannica, Encyclopedia Britannica, Inc., 15 ene. 2020, www.britannica.com/biography/Christian-VII-king-of-Denmark.

«*La Ilustración danesa*». Nordic academic press, www.nordicacademicpress.com/the-danish-enlightenment.

«*El Reino de Dinamarca*». Encyclopedia Britannica, Encyclopedia Britannica, Inc., 27 de julio de 2020, www.britannica.com/place/Denmark/Government#ref19639.

Colket, Meredith, ed. *El Siglo de las Luces: Estudios de la historia europea*. Transaction Publishers, 2008.

Huerta, Robert. «*Batalla de Copenhague (1801)*». Encyclopedia Britannica, Encyclopedia Britannica, Inc., 11 mar. 2019, www.britannica.com/event/Battle-of-Copenhagen-1801.

Li, Tiffany. «*Guerras napoleónicas - Impacto, causas y definición de las guerras napoleónicas*». History, A&E Television Networks, 20 ene. 2021, www.history.com/topics/napoleonic-wars.

Pattullo, Polly. «*La pérdida de Noruega: Un breve resumen*». History on the Net, 3 abr. 2013, www.historyonthenet.com/the-loss-of-norway-a-brief-overview/.

«*Tratado de Kiel*». Encyclopedia Britannica, Encyclopedia Britannica, Inc., www.britannica.com/topic/Treaty-of-Kiel.

Israel, Jonathan I., et al. *Las guerras napoleónicas en Europa: El conflicto que dio forma a un continente*. Palgrave Macmillan, 2014.

Oficina del primer ministro, Dinamarca. «*Primera Guerra Mundial*». Denmark.dk, Denmark.dk, 13 mar. 2019, www.denmark.dk/en/about-denmark/world-war-i/.

Hernon, Ian. «*La batalla naval de Jutlandia, 1916*». Encyclopedia Britannica, Encyclopedia Britannica, Inc., 6 ago. 2007, www.britannica.com/event/Battle-of-Jutland.

Editores de History.com. «*La Alemania nazi invade Dinamarca y Noruega*». History.com, A&E Television Networks, 5 abr. 2010, www.history.com/this-day-in-history/nazi-germany-invades-denmark-and-norway.

«*La Alemania nazi ocupa Dinamarca - Visión general*». Guía de la Segunda Guerra Mundial, www.world-war-2.info/occupations/denmark/.

«*La resistencia danesa*». The Jewish Virtual Library, Biblioteca Virtual Judía, Biblioteca Virtual Judía, www.jewishvirtuallibrary.org/the-danish-resistance.

Kronquist, Jesper. «*Los movimientos turísticos hacia, y desde, Dinamarca*». Asociación Danesa de Turismo, junio de 2012, www.turisme-danmark.dk/resources/The-Tourist-Movements-to-and-from-Denmark.pdf.

«*Dinamarca aprueba una ley de energías renovables*». EU Climate Action, 20 de junio de 2013, www.climate-action.org/denmark-passes-renewable-energy-law/.